大前暁政[著]

若い教師がぶつかる「壁」を乗り越える指導法

学陽書房

はじめに

　本書は，若い教師がぶつかる壁を突破するための書です。
　実は，頑張っている人ほど，壁を感じているものです。
　限界を感じて，あきらめてしまった人は，壁にぶつかることはありません。
　本書では，日々教師の仕事に励むみなさんに向けて，壁をうまく突き破り，次のステージに進むための**「ワンランク上の指導法」**をお伝えします。

　「教師を続けていると，壁に当たる時期がある」
　このことは，現場で教師を長く続けてきた人は，実感をもって理解できるようです。
　教師になった１年目は，現場に適応するだけで手一杯です。
　仕事を覚えなくてはならないし，やり遂げるまでに時間もかかります。
　しかしながら，新任間もない時期は，苦労があったとしても，新鮮で充実した日々を送れるものです。
　必死になって努力すれば，教師としての実力も上がります。
　若さの魅力もあり，子どもからの人気もまずまずです。
　少々失敗しても，ベテラン教師がそれとなくフォローをしてくれます。
　例えば，保護者対応がうまくいかなかったとしても，１年目であれば，周りの教師がサポートしてくれたり，気づかないところでさりげなくフォローしてくれたりします。
　力のある教師から，アドバイスもたくさんもらえます。
　その結果，実力以上のものを発揮できることも少なくありません。

　しかし，それはいつまでも続くわけではありません。
　あるときを境に，これまでフォローやアドバイスをしてくれた先輩教

師から，こんなことを言われるようになります。
「自分で何とかしないといけないね」
「それって，あなたのやり方が悪いんじゃないのかな？」
だんだんと，先輩教師からのサポートがなくなってくるのです。
そして自分自身が，教師として，クラスのこと，一人ひとりの子どものこと，授業，保護者対応など，すべての責任を負っていることを痛感させられるのです。
このとき，周囲を見渡すと，感じるはずです。
「なぜ，あの先生のクラスはうまくいっているんだろう？」と。
同じようにやっているつもりなのに，結果が違うのです。
「学級経営がうまくいかない」
「子どもたちが言うことを聞いてくれない」
「自分自身に教師としての成長を感じられない」
「教師の仕事にマンネリ感を覚えてしまう」
このような**壁にぶつかったとき，それを乗り越える最も近道な方法は，自分の指導法を改めて見直し，ランクアップさせること**です。
そこで本書は，若い教師が悩み，戸惑うことが多い事柄に焦点を当て，エピソードを交えて具体的な実践を解説しました。

困難と正面から向き合い，子どもとの関係を築き，クラスを動かすための努力をするのか，立ち往生してしまい，悶々として過ごすのか。
そして，10年後，20年後に，情熱をもっていきいきと教師生活を楽しんでいるのか，疲れ切った表情を浮かべているのか。
壁にどう向き合うかで，その後の教師人生は大きく異なります。
教師として，新たなステージに進むためには，壁を乗り越えるしかありません。
一人でも多くの教師が，壁を突き破れるよう，本書が読者のみなさんの一助になることを願っています。

大前 暁政

若い教師がぶつかる「壁」を乗り越える指導法！

Contents

第1章 担任のリーダーシップを発揮する

1. リーダーとしての行動と態度を示そう　8
2. 自由なのに規律もある学級をつくろう　12
3. 躾(しつけ)を1つずつ徹底しよう　16
4. ぶれず　動じず　阿(おもね)らず　20
5. 率先垂範　24
6. 目標を共有させる　28
7. ほんの少しの成長を共に心から喜ぼう　32

第2章 自立できる子ども集団に育てる

1. 正直者が報われるシステムをつくろう　38
2. 「なぜそれをするのか」を常に考えさせよう　42
3. 後ろからそっと見守る場面をつくっていこう　46
4. 夢に向かうモチベーションを高めよう　50
5. 自立へのイメージを高めよう　54

第3章 子どもの可能性を引き出し伸ばす

1. 教える場面を必ず用意しよう　60

- ② 子どもの活動場面を確保しよう　64
- ③ 評定・助言を繰り返し，最後はほめて終わろう　68
- ④ 子どもの協同意識を高め教え合いを促そう　72
- ⑤ 教えるポイントを絞ろう　76
- ⑥ 子どもの自己イメージを高めよう　80

子どもを伸ばす環境をつくる

- ① それぞれの個性を認める「メリハリ」の環境づくり　86
- ② 先頭集団を伸ばし，授業のレベルを下げない　90
- ③ 全体指導の後の個別指導を充実させる　94
- ④ 「全員本気」が子どもを変える　98
- ⑤ 失敗よりも挽回したかを評価しよう　102
- ⑥ 一人ひとりの子どもとつながろう　106
- ⑦ 「答えのない問い」で子どもに判断させよう　110

子どもの個性に合わせて適切に対応する

- ① 問題行動への対応法　116
- ② 成功体験を味わわせ自己肯定感を高めよう　120
- ③ やんちゃを伸ばす対応の仕方　124
- ④ 特別支援を要する子への対応　128
- ⑤ 一人ひとりに合わせた目標と手立てを設定しよう　132

第6章 教師の伝える能力を磨く

1. 言葉をもっと吟味しよう　138
2. 傾聴で子どもの考えや願いを引き出そう　142
3. 誰でも上手に書ける「板書」のポイント　146
4. 望ましい「教態」を身につけよう　150
5. 描写して語ろう　154

第7章 信頼される教師になるために

1. 差別をなくし平等な集団づくりを目指そう　160
2. 子どものよさに注目し，保護者に伝えよう　164
3. イニシアチブを発揮しよう　168
4. 仕事の作法を身につける　172
5. 自己のメンタルを管理しよう　176
6. 教師のタブーを心得る　180

第1章

担任の リーダーシップを 発揮する

1 リーダーとしての行動と態度を示そう

子どもからの信頼を得て，集団を率い導くために！

➡ 方針を語る

　教師は学級のリーダーです。
　リーダーシップを発揮し，子どもたちを先導できなくてはなりません。
　ただし，4月初期の段階では，子どもたちは，教師をリーダーとは思ってくれていません。
　単に「教師」という肩書きだけでは，子どもたちはリーダーと思ってくれないからです。
　そこで，実際にリーダーとしての行動や態度を子どもたちに示し，信頼を勝ち取らなくてはなりません。
　4月にまずすべきは，教師の思いや願いを，学級の子どもたちに話すことです。
　「自分が大切にしたいこと」「こういう学級にしたいという思い」「1年間をどう過ごしてほしいのか」などの方針を語るのです。
　4月の段階では，子どもたちは教師の考え方や願いを知りません。
　教師自身のことを理解してもらうためにも，子どもに，自らの方針を説明する必要があります。
　「いじめは許さないこと」「努力をして自分の力を伸ばす喜びを感じてほしいこと」「みんなと力を合わせて1つのことをやる充実感を味わって欲しいこと」など，教師が心から大切に思うことを話すようにします。

共感できる方針であればあるほど，教師への信頼感は増すはずです。

◯的確な指示で率いる

　さて，方針演説が終わり，普段の学校生活が始まったら，今度は，リーダーとして子どもたちを率いていかなくてはなりません。

　特に，4月のスタート時点で，リーダーとして認められるかどうかは，非常に重要になっていきます。

　ここで子どもたちからリーダーとして認められたら，残りの3月まで，信頼はなかなか崩れることはないでしょう。

　反対に，4月最初にリーダーシップを発揮できないと，子どもたちからの信頼を取り戻すのは困難になってしまいます。

　では，4月にリーダーシップを発揮するには，具体的に何をすればよいのでしょうか。

　まずできなくてはならないのは，「的確な指示を出すこと」です。

　これは，リーダーとして，最低限できなくてはならないことです。

　例えば，全校集会があるとしましょう。

　「運動場で，全校遊びがあります。10時25分までに，体育倉庫前に集まっておきなさい」などと，前もって指示をしておくのです。

　このとき，もし時間が違っていたり，集合場所が違っていたりすると，子どもたちの信頼は，ほんの少し揺らぎます。

　そして，間違った指示が続くと，子どもの信頼はがた落ちになります。

　それほど的確な指示は大切なのです。

　的確な指示を出すには，1日の予定をすべてシミュレーションをしておくとよいでしょう。

　学級びらきから1週間ほどは，ノートに1日の予定をすべて書き出しておきます。そして，指示や説明の言葉も考えておきます。

　そうすれば，堂々と的確な指示を出して，子どもを導くことができるはずです。

⮕方向性を示して導く

　的確な指示で，子どもが「この先生は頼りになるな」と思ってくれるようになったら，１つ上の段階へ進みます。
　子どもに指示を与えていた段階から，少しずつ子どもを導く段階へと移行する必要があります。
　つまり，「○○しなさい」と的確な指示で集団を率いていた状態から，「○○するにはどうすればよいかな」と子どもに行動を促す段階へと，教師が変わっていかないといけないのです。
　子どもに指示通りに動くことを求めるばかりでは，機械的に行動する姿勢が身につくことにもなりかねません。
　そうではなく，子ども主体で動けるよう導くのです。
　「今度，みんなが楽しめるようなイベントをしたいんだけど，何かアイデアはないかな」
　「先生は，みんなに楽しく学級で過ごしてほしいと思っているんだけど，どうしたらよいかな」
　このように，方向性を示し，後は子どもが自分の意思で動くのを待つことも必要になってくるのです。
　実は，子どもを引っぱっていく姿勢が強い教師ほど，子どもを導く指導に移行できていません。それどころか，１年間，教師が指示ばかり与えて終わってしまうこともあります。これでは子どもの主体性が育てられないことになりかねません。

⮕主体性を引き出す環境をつくる

　子どもの主体性を引き出すには，「教師の働きかけ」だけでなく，「子どもが進んで動きやすい環境」をつくり出すことも大切です。
　子どもが「進んで動きたい」と思えるためには，次の３つを意識すれ

ばよいでしょう。

　1つ目は、**その子の長所が生かせる仕事を任せる**ことです。人は、自分の長所が生かせる環境だと、やる気がわいてくるものだからです。

　2つ目は、**子どもの活動を確認し、評価するシステムをつくる**ことです。評価は教師が行ってもよいですし、友達から評価されるようにしてもよいでしょう。帰りの会で、活動報告をさせ、みんなからほめ言葉を一言もらうようにしてもよいでしょう。

　つまり、前向きな評価がフィードバックされるシステムをつくるのです。

　自分がしたことに対して、自分自身で評価をしてモチベーションを高められる人もいますが、やはり子どもは評価をほしがっているものです。しかも、前向きな評価を受けたいと思っています。

　頑張りを知ってもらい、前向きに評価されるからこそ、子どものやる気は出てくるのです。

　3つ目は、**責任のある仕事を任せる**ことです。

　活動のリーダーや、仕事の責任者などを任せるのです。

　大切なのは、その仕事が価値のあることであり、重要なものであるということが、学級全体に共通理解されていることです。

　責任が発生する仕事を任されることで、子どもは「自分はみんなのために貢献できている」という実感をもちます。

　貢献できている気持ちが高まれば、自分は価値のある存在なのだと感じることができます。つまり、自己肯定感が高まるのです。そうすれば、ますます積極的に動けるようになります。

　このように、学級の子どもたちが動きやすい環境をつくり出すこともリーダーの大切な仕事の1つです。

　1学期は、子どもを率いていくイメージ。3学期は、子どもの主体的な動きに任せるイメージをもっておくとよいでしょう。

　集団を率いることと、集団を導くことの両方の資質を身につければ、子どもたちからの信頼を勝ち取ることができるはずです。

2 自由なのに規律もある学級をつくろう

学級の雰囲気は，4月のスタートで決まる！

➲新卒教師の勘違い

「自由が先か？　それとも，規律が先か？」
学級経営では，どちらを先に実現すべきでしょうか。
ある先生は，先に，自由を取り入れました。
「子どもの自主性を重んじる」それが，理由でした。
4月から係や当番を自由に決めさせ，席替えも自由にさせました。
挨拶をしない子がいても，そのままでした。
「挨拶をしたくない子もいるから」それが，理由でした。
授業中のおしゃべりも，ある程度認めていました。
「授業中にしゃべりたくなるときもあるでしょ」とのことでした。
さて，この学級は数か月後にどうなったでしょうか。
結果は，大いに荒れてしまったのです。
授業中のおしゃべりは止まず，係や当番の仕事をしない子も出てきました。
子どもたちは，教師の言うことさえ聞かなくなりました。
ここに至って，初めて規律を教えることの大切さを思い知ったというわけです。
このエピソードは，初任者研修会で報告されたものでした。
自由奔放になった状態から規律を浸透させるのは，至難の業だったと

いうことです。
　というのも，学級にはすでにさまざまな「暗黙のルール」ができあがっていたからです。
　例えば，授業中に私語をしても，注意されませんでした。
　その結果，授業中におしゃべりをしてもよいという「暗黙のルール」ができあがりました。
　子どもたちは，授業中におしゃべりをしてもよいと思い込んでいます。
　それを急に，「授業中にしゃべらないで！」と怒られたのです。
　子どもたちにとってみれば，納得がいかないというわけです。
　こうして，再び規律を取り戻すのに，膨大な時間と労力がかかったのでした。
　自由が先にあって，後から規律を浸透させようとすると，何倍も大変なのです。

➡自由なのに規律もある学級のつくり方

　教室によって，子どもたちの雰囲気には，違いが出ます。
　もちろん，子どもの実態が違うこともあります。
　ですが，主たる原因は，教師の学級経営のやり方にあります。
　ある教室は，規律がなく，荒れてしまっています。
　ある教室は，規律はありますが，暗い雰囲気です。
　そして，ある教室は，自由でありながら，規律もあり，明るい雰囲気に満ちています。
　ここで，若手教師は不思議に思います。
　「どうして，自由なのに荒れないのだろう？」と。
　それにはやり方があるのです。

　規律を浸透させたうえで，自由な雰囲気をつくっていかなくてはならないのです。

大切なのは，先に，規律を浸透させることです。
　自由が先なのではありません。
　規律を先に教えるべきなのです。
　若い先生の中には，ここを勘違いをしている人がよくいます。
　4月最初に，規律を意識的に教えず，放置してしまうと，規律はどんどんなくなっていきます。
　前年度の規律が浸透している4月初期だけは，子どもたちは規律を守ろうとします。
　しかしながら，担任が変われば，ルールも変わります。
　この先生は，どれぐらいの規律を要求してくるかを，子どもたちはよく見ています。
　4月に規律を言わなければ，子どもに「規律はないのだ」と解釈されてしまうのです。
　こうして，「この場合は，規律はない」ということが，「暗黙のルール」として浸透していきます。
　授業中におしゃべりをしていたら，即注意をしないと，「おしゃべりを認めてくれた」という「暗黙のルール」が成立してしまうのです。
　いったん「暗黙のルール」が成立すると，それは子どもたちの中で，確固たるルールとして機能し始めます。
　教師が知らないうちに，教室にはさまざまな「暗黙のルール」が勝手にできあがってしまうのです。
　だからこそ，4月の最初に，自分の学級でこれだけは守ってほしいという規律を，子どもに教えるべきなのです。

→規律の浸透のさせ方

　規律を浸透させる際，一度に全部説明する必要はありません。
　子どもが，規律を破った時に，注意をすればよいでしょう。
　例えば教師が，「朝の挨拶をきちんとさせたい」と思っていたとします。

4月に日直の号令で,朝の挨拶をします。

このとき,だらだらと立ったり,まともに挨拶をしなかったりする子がいます。

これを教師は確認して,注意をすべきなのです。

「立つときにだらっと立っていた人がいました。さっと立ちなさい。みんなを待たせてはいけません」

「おしゃべりしながら挨拶する人がいました。やり直します」

このように簡単に注意するだけで十分です。

たったこれだけで,「起立の号令でさっと立たなくてはならない」というルールを教えたことになります。

反対に,これを見逃すと大変なことになります。

見逃すと,「少々おしゃべりをしながら立ってもよいのだ」「挨拶は適当でよいのだ」というルールができあがってしまいます。

規律を破ったら,すぐに注意して,浸透させることが大切なのです。

荒れていない子どもたちならば,学級びらきから3日ほどで,規律は十分に浸透します。

荒れた学級だと,規律の浸透に1か月以上もかかることがあります。

規律が浸透したと教師が判断できたら,ある程度自由にやっていけばよいのです。

規律を徹底する期間が長すぎると,教室は窮屈な雰囲気になってしまいます。

車のハンドルには,「遊び」の部分があります。学級経営も同様に,余裕の部分,「抜き」が必要です。**規律が浸透したら,後は,ある程度の自由さの中で,規律を求めていけばよいのです。**

規律を浸透させた後に,自由な雰囲気をつくると,規律も自由さもある学級になります。

それは,4月最初に規律を要求できるかにかかっているのです。

3 躾を1つずつ徹底しよう

ポイントを絞って徹底すれば，子どもの心は落ち着いてくる！

⮕ 躾の大切さ

　江戸時代の寺子屋では，躾が大切にされてきました。
　入門時，「寺子屋の決まり」を子どもに配るところもありました。
　学問の前に，まず躾をしておく意識があったのです。
　学校教育でも，同じことが言えます。
　授業づくりや，集団づくりの前に，最低限の躾がなされていなくてはなりません。
　躾をすることで，子どもにルール・マナー・モラルを守ろうとする意識を育てていくのです。
　ルール・マナー・モラルを守れる子ども相手だからこそ，教育効果は高まるのです。

⮕ 荒れた学級で大切にした躾

　では具体的に，どのような躾をすればよいのでしょうか。
　代表的なものとして，「**返事をさせる**」「**挨拶をしっかりさせる**」「**片付けを自分でさせる**」という躾があります。
　他にも，「**靴をそろえさせる**」「**立ったら椅子を入れさせる**」といったものもあります。

いろいろとありますが，**躾は，子どもの実態によって変えていけばよ**いものです。

荒れた高学年を受けもったとき，私が徹底した躾は，「机をそろえさせること」でした。

４月の学級びらきでは，学級全体が騒々しい状態でした。

授業中でも，立ち歩いたり，隣の子にイタズラをしたりするのです。

そんな中，子どもたちを見ていると，机を整える意識がまったくないことに気づきました。

机が横を向いていても，位置がずれていても，おかまいなしなのです。

そこで私は，机をそろえることを徹底して求めるようにしました。

下準備として，机の位置がわかるよう，教室の床にマジックで印をつけました。

低学年の教室ではよく見られる印です。これを高学年でやったわけです。

そして，「場を清めると，勉強もできるようになる」と理由を話し，机をそろえるよう求めました。

授業の開始時には，「机はそろっている人はよいですね」などと，確認するようにしました。

帰りの会では，「机がそろっている人から帰ります」などと言いました。やんちゃな子はあわてて机をそろえ，帰りの挨拶をしました。

こうして，ことあるごとに机はそろっているかの確認をしたのです。

しかしながら，荒れた学級です。いつの間にか，机がずれていることも多々あります。

そんなときは，私がそっと机をそろえてまわりました。

そうすることで，机が整然と並んだ中で授業が始まります。

場が整っているため，落ち着いたムードで授業を始めることができました。

子どもたちも，落ち着いたムードで学習を進めることの気持ちよさを体感しました。

すると，教師があまり言わなくても，自分で机をそろえるようになってきたのです。

整った状態が当たり前になってくると，その気持ちよさに気づいて，自分からそろえようとしたのでした。

机が自然とそろうにつれて，騒々しい雰囲気も収まっていきました。

このように，たった一つの躾でも，徹底することで，子どもたちの心も落ち着き，素直さを取り戻すことがあるのです。

⇒ポイントは簡単な躾に絞ること

別の年に，荒れた学級を受けもつことになりました。

この年は，「挨拶と返事」をきちんとするよう求めました。

単に，「自分なりに元気よく挨拶や返事をする」というだけです。

というのも，4月初期の子どもたちは，返事も挨拶も適当にしていたからです。中には挨拶を返さなかったり，名前を呼ばれても返事をしなかったりする子もいました。

そこで，挨拶と返事はきちんと返すことが大切だという話をしました。

「人と人とが接する中で，挨拶と返事がきちんとできていたらよい関係が築けるものです。挨拶と返事を適当にしているようなら，信頼関係を壊すことにもなります」などと話しました。

そして，「自分なりに，きちんと声を出して挨拶しなさい」と求めました。お手本も示しました。

そして，「きちんとっていうのは，こういうキリッとした声で言うことです」などと説明しました。

決して，大きな声で挨拶をさせたわけではありません。

自分なりに元気がよければ，それでよしとしたのです。

不思議と，挨拶と返事を自分なりに元気よく，きちんとすることを続けていると，子どもの心が落ち着き，素直さを取り戻していきました。

というのも，やんちゃでふざけてばかりだった子が，毎日の朝の挨拶

と，健康観察の返事のときに，キリッとした声で，「おはようございます」と言い，「はいっ」と返事をするのです。

　毎日，毎日，朝の挨拶と返事をキリッとした声で言うのです。

　やがて，周りの子の見方も変わってきました。「あいつは去年はふざけていたけど，今年は真面目にやっている」とか，「じゃあ俺もきちんとやるか」といったものに変化したのです。

　こうして，躾が個人に浸透し，だんだんとまわりにも浸透した結果，子どもたちの心が落ち着いていったのです。

　ここで大切なのは，「簡単な躾に絞って，徹底した」ということです。

　最初は，簡単な躾の方が効果的です。

　いきなり難しいものを求めるのではなく，簡単な躾を徹底するのです。

　そして，**同時に3つも4つも躾を求めるよりは，簡単で効果的な躾を1つずつ徹底すると，子どももよく理解できます。**

　すでに述べたとおり，どの躾を徹底するかは子どもの実態によって変えてかまいません。

　教師が子どもの実態をみて，「これだけは譲れない」「これだけはきちんとさせたい」と思う躾を，1つずつ子どもに定着させるとよいのです。

4 ぶれず 動じず 阿(おもね)らず

子どもを導くために，発言と行動には責任をもとう！

⇒「ぶれない」ために

　ぶれないというのは，リーダーシップではとても大切なことです。
　ぶれる教師はそれだけで信頼をなくしていきます。
　ありがちなのが，**「言行不一致」**です。
　例えば，教師が「掃除は黙って行います」と言ったとしましょう。
　そうであるならば，掃除中のおしゃべりを，注意しなくてはいけません。自分の言葉に責任をもたなくてはならないのです。
　もしおしゃべりを見逃すと，そのことを他の子はよく見ています。
　「先生は，言ったこととやっていることが違う」と思われてしまうのです。
　微々たることですが，教師の信頼に少しだけひびが入ります。
　他にもありがちなのが，**教師の言葉が，コロコロ変わること**です。
　「給食を残さず食べなさい」と言ったかと思えば，次の日に，「給食は残してもかまいません」と言ってしまうのです。
　これでは，教師の言葉を信用できなくなります。
　他にも，例えば，「学習発表会は班単位ではなく，個人発表にします」と指示をしたとします。
　ところが，他の学級では，班単位で発表会をすることになりました。
　しかも，班単位の学級の方が多いとしましょう。

どちらでもよいことならば，自分の学級だけでも，個人単位で発表会をしても何も問題はありません。

これをもしも，「やっぱりA組に合わせて班単位にしようか」などと言ってしまうと，一生懸命準備をしてきた子どもは，「頼りにならないなぁ」とか，「頑張って用意したのに残念」と思ってしまいます。

とはいっても，突然，予定が変更になることもあるでしょう。

例えば，教師が「○月○日に社会科で，学習発表会をしましょう」と言ったとします。

ところがしばらくして，学年主任から，「この日は，私の学級でお楽しみ会をするから，うるさいと思いますので，別の日にしてくれませんか？」と突然言われたとします。

さて，これを，子どもたちが見ている前で言われたとしましょう。

このときです。子どもたちは，教師の反応をよく見ています。

すでに子どもたちには，この日に発表会をすると言っています。

準備もしています。すでに動いていることなので，変更されるとたまったものではありません。

教師としては，子どもと約束したことは，破ってはいけないのです。

「いえ，もう決まっていることですので，声が響いていても，そこでやることにします」ときっぱりと言わなくてはいけません。

もちろん，別案を言うこともできます。

「では，別の教室をとってそこでやるようにします」

「お楽しみ会が終わった頃に，発表会をするようにします」

といった具合です。とにかく，指示を曲げないことが重要です。

ただし，主張した結果，他の先生からも反対が出て，止むをえず，別の日に変更することもあるでしょう。そんなときでも，**子どもとの約束を守る姿勢を見せているかどうかが大切**になります。教師が努力した結果，どうしても変更になったと言えば，子どもたちも納得します。信頼は傷つかないのです。

子どもとの約束を破るのは，かなり信頼を落とすことになります。担

任としてリーダーシップを発揮するうえでは，十分に気をつけなくてはいけません。

➲「動じない」姿を見せる

　動じない姿勢も，リーダーに備わっていなくてはなりません。
　これは，何が起きても冷静でいることを求めるものではありません。
　何か困ったことが起きても，「動揺を見せないようにする」という意味です。
　本当は動揺していても，顔に出さずに冷静を装って対処するのです。たとえ心臓がドキドキしていても，態度に出さなければ，外からはわかりません。
　リーダーが動揺してしまうと，周りの子にまで動揺が伝染してしまいます。
　例えば，子ども同士がぶつかってけがをしたとしましょう。
　教師がパニックになっていたら，子どもたちもパニックになります。
　動揺しても表情には出さずに，「大丈夫かな？　けがはないかな？」と優しく声をかけるのです。
　他にも，やんちゃな男の子が喧嘩をすることもあるでしょう。
　子どもたちはあわてて報告に来ます。
　「先生！　Ａ君とＢ君が，とっくみあいをしています！」
　そんなときも，動揺を顔には出さず，「そうですか」と冷静な声で対処するのです。
　そして，とっくみあいになっているところにスタスタと近づいていき，「はいはい，終わり」と言って喧嘩を止めさせます。
　「じゃあ，１人ずつ話を聞くから，Ａ君は自分の教室に帰りなさい」などと，冷静を装って対処するのです。
　これを見ていた子どもたちも，興奮から冷めて，冷静さを取り戻します。興奮の伝播を止めるわけです。

→「阿らない」ために意識すべきこと

「阿る」とは，気をひこうとしてへつらうことを意味します。

子どもに好かれることを目標にすると，つい子どもに阿ることがあります。

「見て見ぬふりをする」とか，「ほめる必要がないところでほめる」とかです。子どもに媚びてしまうのです。

特に多いのが，「学級の力関係上位の子」に阿る場合です。

学級には，力関係の強い子と弱い子がいることがあります。

差別をなくし，平等にどの子も活躍できるようにするのが教師の仕事です。

しかし，力関係のある子は，教師に逆らうこともあります。

このときに，つい厳しくするのではなく，優しく接してしまうのです。

要するに媚びを売って，力関係の強い子と仲良くなることで，教師としての威厳を高めているわけです。これは最悪の接し方です。

子どもに阿る必要はありません。教師と子どもは友達関係のような横の関係ではなく，上下関係のある人間関係です。

媚びを売るのではなく，「だめなことはだめ。よいことはよい」と指導するのが教師の役割です。

媚びたり遠慮したりするのは，自信のない若手時代に多く見られます。

しかし，我々は教師です。人様の大切な子どもを導く責任があります。子どもが道を外れていたら，指導をする義務があります。このことを忘れないようにしたいものです。

率先垂範

嘆く前に,教師が動けば子どもは変わる!

→「背中」で導く

「最近の子どもは,自分から挨拶しない」
「雑巾がけを真面目にしない子がいて困る」
職員室で,子どもの愚痴を言う人がいます。
「最近の子どもは…」といった文句で始まります。
中には,「子どもの質が悪い」とまで言う人がいます。
本当に,そうでしょうか。
次のような格言が,昔から学校現場にはあります。
「子どもは教師の鏡である」
実は,**子どもができていないことは,教師もできていないことの方が多い**のです。

以前こんなことがありました。「雑巾がけは最悪だ」という意識のある子どもたちを受けもったときのことです。
掃除になると,雑巾を避け,ほうきの取り合いが始まるのです。
輪番制にしても,ズルをして,ほうきを取る子もいました。
雑巾がけは,力関係の弱い子がやるといったムードがあったのです。
確かに,雑巾は手も濡れるし,よいにおいではないし,力仕事です。大変なことはわかります。
ところが,1か月ほどで,この「雑巾がけは嫌だ」というムードがが

らっと変わりました。

　雑巾がけは，価値のある仕事だというムードが生まれたのです。

　それは，教師である私自身が，雑巾がけが一番大切な仕事だと思い，熱心に雑巾がけをやったからです。

　「雑巾がけはね，ほうきがはけていないのをチェックしてほこりを取らないといけない。責任があるし，頭を使うんだよ」

　「雑巾がけには力がいる。雑巾がけで足腰が鍛えられるぞ」

　このように雑巾がけのよさを挙げながら，教師自身が率先して，毎日，雑巾がけをしたのです。

　教室の床をぴかぴかにした次の日には，廊下の床をぴかぴかにする。

　こんな具合で，さまざまな場所を，きれいにしてまわりました。

　教師が毎日，あまりにも一生懸命に，雑巾がけをするのです。

　それを見た子どもも，「雑巾がけっていいな」とだんだん感化されていったというわけです。

　ここからいろいろなことがわかります。

　教師がまず行動して見せることで，子どもも望ましい行動をとるようになるのです。

　つまり，率先垂範によって，背中で子どもを導くことができるのです。

➲子どもは教師の鏡

　教師がいつも率先して行動するのであれば，子どもたちもその背中を見てやろうとするものです。

　もし，子どもが挨拶を自分から進んでしないのであれば，教師自身が挨拶をしているかを振り返る必要があります。

　「挨拶がない」ことを嘆く前に，教師自身が，毎日自分から元気よく挨拶をしましょう。

　1か月も2か月も教師から元気よく挨拶をされていれば，まったく挨拶を返さなかった子も，「ぼそっ」と挨拶を返す日がきます。それは子ど

もが教師に感化されてきたからです。

考えてみると，**私たち教師は，自分自身ができていないことを，子どもに求めてはいないでしょうか。**

「進んで意見を発表しなさい」と子どもに言ったとき，少し自分を振り返ってみてください。

教師自身は，「会議のときに進んで意見を発表しているだろうか」と。

⇨教師自身が「望ましいモデル」となる

率先垂範を，「学芸会」の指導場面で考えてみましょう。

学芸会では，会場全体に届く声を出させる指導をします。

このとき，「もっと元気よく声を出しなさい」と指示するだけでは，子どもは動きません。

教師がお手本を見せればよいのです。

教師が元気よく声を出して手本を見せれば，子どもは少しだけ頑張って声を出します。教師から見れば微々たる頑張りです。ですが，そのちょっとの頑張りをほめるのです。

ほめると，次はもうちょっとだけ声を大きく出すようになります。

それを，またほめます。すると，さらに大きな声が出せるようになります。

こうして，教師がまずやって見せ，そして子どもにほんの少しの進歩が見られたら，それをほめて，伸ばせばよいのです。

若い教師でありがちなのは，手本を見せないことです。

率先垂範で，教師がやらないのです。

子どもが先にやるのを，後ろで見て待っているわけです。これでは，子どもは動きません。

そうではなく，まず自分がやって見せるのです。

そして，率先垂範でやって見せたら，子どもが感化されて少しだけ成長を見せるときがきます。そのほんの少しの進歩を見逃さずにほめるこ

とが大切です。

　この微々たる進歩は，担任にしか見えません。

　若い教師は，「まだまだだな」などとほめないから，子どものやる気が引き出せないのです。

　子どもは思います。「せっかく頑張ったのにほめられなかった。じゃあ次は，頑張らなくたっていいや」と。

　教師にとってみればまだまだでも，子どもにとっては，進歩なのです。

「**率先垂範で手本を見せ，少しの進歩が訪れたら，それを見逃さずにほめる**」

　背中で子どもを導くとはこういうことなのです。

　トイレ掃除も同じです。教師が一生懸命やっているのを見れば，子どもたちは「じゃあ，去年よりは少しは真面目にやろうか」と思うようになります。ここを見逃さずにほめましょう。

　ゴミを拾う子にしたければ，自分もゴミを拾う。

　公平な子になってほしければ，自分も子どもによって態度を変えない。

　このように，教師自身が，望ましいモデルになることが求められます。

　もう一度言いますが，子どもは教師自身の鏡です。子どもへの文句は実は自分への文句なのです。

　教師は一人ひとり個性をもっています。

　そのため，**教師自身の得意なモデルがあるはずです。**

　ガキ大将のようなモデル，人当たりのよいモデルなど，その教師自身のよさを，子どもに見せることが，背中で導く教育になることでしょう。

6 目標を共有させる

子どもたちが納得できるゴールの設定が,学級経営のカギ!

→優れたリーダーがしていること

　どんな組織でも,優れたリーダーは,構成員と目標を共有しているものです。

　例えば,学級でお楽しみ会をやるとしましょう。

　やるとなったとき,最初にすべきことは何でしょうか。

　普通は,内容や係分担を決めることに,まず意識がいきます。

　しかし,優れたリーダーは,まず「目標を共有しよう」と考えるのです。

　およそどんなプロジェクトでも,まず,目標(ゴール)を設定することから始まります。構成員の間で,いったいこのプロジェクトで,何を目標にするのかを話し合うところからスタートします。

　というのも,**目標が共有されていないと,構成員の行動がバラバラになってしまう**からです。

　もし教師が,「子ども同士の仲間づくりのためにお楽しみ会をする」と思っていても,子どもたちが「楽しみたいだけ」と思っているのであれば,自ずと教師と子どもの行動は違ってきます。

　教師は,「みんなが仲良くなれるような遊びを考えて欲しい」と願っています。ところが子どもたちは,「自分が楽しければよい」と思って,自分本位の遊びしか提案しません。そんなことが起きてしまうのです。

あげくの果てに，お楽しみ会の最中に，子ども同士で喧嘩を始めてしまうといったことにもなりかねません。

時には，リーダーだけが目標を意識できている場合もあります。この場合，リーダーは構成員に指示をして動かそうとします。構成員はただ指示に従って動くだけです。これも実は，構成員のやる気を引き出すには十分ではありません。なぜなら，構成員のモチベーションが高まっていないからです。単に指示通り動かされているだけです。

「やらされ仕事」になると，生産性はぐっと下がります。誰だって，「やりたい」と思える仕事でないと，やる気が出ないものです。

だからこそ，「全体が納得する目標の設定」に，リーダーは時間を割く必要があります。優れたリーダーは，的確な指示を出して集団を引っ張っていくだけでなく，目標の共有を大切にするのです。

◉個々の子どもの目標を包含する

学級経営でも，目標を共有させることは大切です。

教師は，「差別のない学級にしたい」と願っているのに，子どもは「楽しければよい」と考えているのであれば，だいぶ目標がずれてしまっています。教師の指示があっても，子どもが進んで動かないことにもなりかねません。

だからこそ，こんな学級をつくりたいという目標を決めるのです。

そしてその目標は，子ども一人ひとりの願いをできるだけ包含したものにする必要があります。

子ども一人ひとりの思いや願いは，違っているのが当然です。

「いじめをしないでほしい」「男女仲良くしたい」「差別をなくしたい」…。さまざまな思いや願いを子どもたちはもっています。

一人ひとりの願いを包含するのは，至難の業に思えます。

ですが，それぞれの子の願いを包含する「大きな目標」を掲げれば，それぞれの願いがその目標に反映されていることになります。

例えば，「みんなが楽しく過ごせる学級」という大きな目標を設定します。そうすれば，多くの子の願いもそこに入っていることになります。
　こういった，子どもたちの思いや願いが反映された目標をつくることが，教師の大切な仕事になります。

⇨目標が決まれば，子どもは自分で動く

　実は，普段の生活でも，目標の共有はとても重要です。
　例えば，「ゴミを拾いなさい」と指示する場面。
　こういった場面でも，「教室をいつも清潔な空間に保とう」といった目標を共有できているかどうかで，指示の効果が変わってきます。
　教室を清潔にすると，勉強に集中でき，健康的に生活でき，見た目も美しい。そういったよさも理解させておくのです。
　そうすれば，教師が指示したとしても，子どもは素直に動けます。
　ひょっとしたら教師の指示がなくても，子どもはゴミをできるだけ落とさないように気をつけ，落ちていたら拾うかもしれません。
　つまり，**目標が決まったら，子どもたちは，自分なりの考えで動くようになるのです。**
　例えば，「運動会は全力で取り組んで，見ている人に感動を与えよう」といった目標を立てて，学年で取り組むとしましょう。
　こういった目標を共有していると，今までの体育の授業の動きとは少し変わってくる子がいます。例えば，入場をすばやくしているとか，背筋をピンと伸ばして待っているとかです。
　目標は共有しておいて，後は子どもの自発的な努力を引き出すようにすればよいのです。
　そして大切なのは，その**自発的な努力を見逃さずにほめることです。**
　ほめられたら，ほめられた子も，それを見ていた子も，「自分も目標に向かって努力しよう」という前向きな気持ちがわいてくるのです。

⇒寛大な気持ちで子どもに任せてみる

　ここで大切な教師の姿勢は,「よきにはからえ」といった大らかな**姿勢**です。子どもなりの努力に任せてみましょう。

　あれこれ全部指示するのではなく,「見ている人が感動する演技ってどんな演技なのかな？　例えば, ○君は背筋をピンと伸ばしてたよね。すばらしいと思いました。自分でも考えてみてね」といった具合に声をかけます。

　そして, **目標を達成するための手立てを, 少しだけでもいいので, 子どもに任せてみる**のです。

　お楽しみ会の例で言えば,「みんなが楽しめるお楽しみ会」という目標にして, 責任者を子どもから選んだならば, その責任者にお楽しみ会の計画を任せます。

　そして, もし失敗したとしても叱ってはいけません。

　リーダーは, 子どもに任せたことで失敗したら, それは自分の責任として考えます。

　子どもに任せたのは教師です。責任者を選んだのも教師です。

　だからこそ, 教師自身の責任として, 反省するのです。「もうちょっと, 例を示してから子どもに任せればよかった」とか,「もうちょっと助言すればよかった」とか, 反省材料を探すのです。

　そして, 失敗した子をほめるようにします。努力したうえでの失敗は, 必ずほめて終わらなくてはなりません。

　責任者を決めておいて, その責任者を叱る教師がいます。部活で言えば, キャプテンを叱る教師です。これを見ていた他の子はどう思うでしょうか。きっと, あの教師のもとで責任を果たすのは馬鹿馬鹿しいと思うことでしょう。努力した子や正直者ほど, 損をしているからです。

　優れたリーダーは, 目標を共有させることに力点を置き, 後は寛大な気持ちで「よきにはからえ」と任せられる器をもっているのです。

7 ほんの少しの成長を共に心から喜ぼう

一緒に成長を祝福してくれる人に，人はついてくる！

⮕ リーダーに求められる重要な資質

　リーダーとしての条件を１つだけに絞るとしたら，何を思い浮かべるでしょうか。
　少し考えてみてほしいと思います。
　私なら，次のことを挙げます。
　「ほんの少しの成長を共に心から喜ぶこと」
　それぐらい，この資質は，リーダーである教師にとって大切だと考えています。
　人は，どんなリーダーならついていきたいと思うでしょうか。
　それはきっと，「自分の努力を認めてくれる人」ではないでしょうか。
　子どもは（大人でも），自分が頑張っていることを認めてほしいと思っています。
　特に，新学年がスタートする４月は，「今年こそは頑張ろう」と思っている子どもが数多くいます。
　４月だけは，ほんの少し頑張るのです。去年を上回る努力をするのです。
　例えば，「日記を，去年よりも丁寧に書いた」「挨拶をいつもより元気よくした」といった具合です。
　そのような「ほんの少しの努力」を，誰かに認めてもらい，ほめられ

たいと思っているのです。
　ほめられると，「先生は頑張りを認めてくれた」と嬉しく思います。
　そして，さらにやる気が引き出されるのです。
　反対に，努力を認めてもらえないと，やる気はなくなっていきます。
　困ったことに，「ほんの少しの努力」は，教師が意識していないと，気づけないことが多々あります。
　だからこそ，4月の学級びらきまでに，子どもの去年までの実態をできるだけ調べておく必要があるのです。

➲悪い対応とよい対応

　最悪なのは，「頑張れ」と激励だけして，頑張らせるだけ頑張らせておいて，最後にほめない場合です。
　これは，せっかくの子どものやる気をそいでしまいます。
　難しい役に立候補した子は，個別にほめてもらいたいのです。
　頑張りを認められないことほど，子どもにとってつらいことはありません。
　また，失敗をした子に対応する場合も，注意すべきです。
　最終的に失敗したとしても，本人が頑張っているのであれば，頑張りを認めることはできます。
　例えば，いつも友達と喧嘩をしている子がいるとします。
　その子なりの言い分があることでしょう。まずはそれをきちんと聞くことが大切です。
　そして，最終的には喧嘩になったとしても，前と違ってどこかに進歩がないかを探すようにします。
　失敗と思えるような状況でも，その子なりの成長を探すのです。
　「相手を傷つけるのはだめだよ」と責めるだけなら，誰だってできます。
　しかし，その子の言い分に耳を傾け，その子なりにいつもより我慢をしたといった努力があるなら，そのちょっとの成長を認めていくのです。

これこそが,教師としての望ましい対応なのです。
いつも子どもを見ているから担任だからこそ,子どもの微々たる成長がわかるのです。

➡子どもの頑張りを見逃さないために

学校では,子どもたちはさまざまな役割を果たしてくれています。
係の仕事,掃除,教師の手伝いなどです。
学校のフォーマルな役割だけではありません。
休み時間の遊びを仕切ってくれている子がいたり,仲間づくりを進めてくれていたりする子がいます。
そういう個々の子どもの動きをよく見て,頑張っている子を認め,ほめてあげましょう。
ただし,そういった個々の子どもの頑張りは,十把一絡げに子どもを見ていては,絶対に見えてきません。
きっと,目立っている子だけの努力が,見えてくるだけでしょう。
そこで,教師も子どもの活動の中に入っていくようにします。
例えば,掃除ならば,教師も子どもと一緒に掃除をします。
休み時間には,時々教師も遊びの中に入ってみましょう。
すると,見えていなかった子どもの頑張りが見えてきたり,子どもの努力が実感としてわかったりするはずです。

➡子どもの成長をつくり出す教師の姿勢

子どものやる気を高め,力を伸ばすのが,教師の本分です。
しかしながら,なかなか子どもが伸びないといったこともあるでしょう。
そもそも,頑張ろうとしない子もいるかもしれません。
ほんの少しの成長も感じられない場合,いったい誰の責任と考えれば

よいでしょうか。

　優れたリーダーは、部下ができないのは、リーダーである自分の責任だと捉えます。

　まして私達は、人を教え導く「教師」です。

　子どもがほんの少しも成長しないのは、教師自身の責任だと考えなくてはなりません。

　「100％、教師の責任」そういう思いで、子どもに接するのです。

　すると、漢字テストで、たった10点、20点でも、点数が上がれば、心から喜べるはずです。

　「できないのは教師の責任」、そう心得るからこそ、子どもの成長を心から喜べるのです。人ごとだと、子どもの成長を祝福できません。

　例えば、部活動で、教師が一生懸命指導して、その結果、何らかの大会で子どもたちが優勝でもしようものなら、嬉しくて涙が出るはずです。

　漢字の指導だって同じですし、挨拶ができるようになることだって同じです。

　教師が自分の責任として、本気の努力をして指導をするからこそ、子どものほんの少しの成長を心から祝福できるのです。

第2章

自立できる子ども集団に育てる

1 正直者が報われるシステムをつくろう

子どものモチベーションを高め，荒れを未然に防ぐ！

⇒正直者が報われるシステム

　子どもが進んで動いている学級があります。
　進んで係の仕事を行い，進んで立候補し，さまざまな楽しいイベントも企画するのです。
　一方で，教師が言わないと動かない学級があります。
　中には，教師が言っても動かない学級もあります。
　どうしてこのような違いが生まれるのでしょうか。
　それは，学級経営の中に，子どもが進んで動きたくなる工夫があるかどうかで決まります。
　その工夫とは，「正直者が報われるシステム」です。
　子どもが進んで動く学級には，正直者が報われるシステムがきちんとつくられています。
　「頑張った人が，報われる」
　「真面目にやっていた人が，ほめられる」
　そういったシステムが機能しているのです。
　例えば，係活動で考えてみます。
　やる気の高い学級では，係の仕事をさせっぱなしにはしません。
　必ず係活動をどの程度やったのかを確認し，努力を認め，ほめるためのシステムがあるのです。

確認は，帰りの会で，係ごとに報告させてもよいでしょう。

また，1か月に一度，一人ひとりに何を頑張ったのかを紙に書かせてもよいでしょう。

そういった，**誰がどの程度頑張ったのかを，確認するシステムを取り入れ，頑張った子がほめられるようにする**のです。

掃除当番も同じです。

一人一役なら，誰がどの程度頑張ったかを確認できます。

1週間，掃除場所をまわって確認すればよいだけだからです。

掃除場所は多岐にわたっていますから，月曜は教室，火曜は音楽室と生活科室，といった具合に見てまわります。自分も掃除を手伝いながら，子どもの様子を確認します。そして頑張っている子はその都度ほめるようにしましょう。

また，頑張りの見落としがないよう，教育相談の前には，「頑張っていた友達」という簡単な作文を書かせてもよいでしょう。

作文に書かせると，陰で頑張っている子が見つかるものです。

教育相談で，その頑張りを認め，ほめるようにすればよいのです。

⇨叱るときは軽重をつける

子どもが，ルールやマナー違反をした場合も，この「正直者が報われる」システムがあるかどうかが問題となります。

まず，正直に何があったかを話した子は，その正直さをほめなくてはなりません。そのうえで，きちんと叱ります。

ただし，叱る際は，事実をきちんと確認することが必要です。

例えば，1人が主犯格で，他の子は追随していただけという場合が結構あります。

もちろん追随する子もいけないことです。しかしながら，荒れた学級を受けもったときなど，力関係が子どもの中でできあがっていて，どうしても逆らえない弱い子がいる場合があります。

そんな弱い子まできつく叱る必要はありません。

ボスを除いて，あまり関係のない子は，さっと叱って終わりにします。

「そういうことがあったら，今度は協力しないようにしなさい。いけないことを自分で止める勇気をもちなさい」など，一言言って終わりです。そして，「じゃあ，席に戻ってね」と優しく言います。

ただし主犯格はきちんと叱ります。

叱る際は，軽重をつける必要があります。

なぜなら，主犯格が一番悪いのに，誰もが同じように怒られたというのでは，不公平が生じてしまうからです。

正直に話した子は，ほめられた後にさっと叱られた。

あまり関係のなかった子も，さっと叱られた。

主犯格の説教の時間は，他の子と比べて長かった。

これでようやく，公平になるのです。

難しいのは，陰の主犯がいた場合です。陰の主犯は，なかなかしっぽをつかませません。教師の前ではよい子を演じることだってあります。

もし陰の主犯がいるのであれば，その子に叱る言葉を向けなくてはなりません。その場合は，表の主犯格の子もさっと叱られて終わりです。そして，全体に話をします。全体に話をしているように見えて，実は，陰の主犯格に向けた話をするのです。

「友達を傷つけるようなことをしてはならない。まして，友達を実際に傷つけていなくても，それをおもしろがってはやし立てる人がいるとすれば，本当にダメなのはその人だと先生は思います」このような話をする必要があります。

➔環境が前向きな気持ちを引き出す

問題なのは，正直者が「損」をするシステムができあがっている学級があることです。

正直者が損をする学級は，荒れに向かって一気に進んでいきます。

例えば，リーダーを子どもから選んだとして，リーダーが失敗したら責めてしまうような学級です。

これをやると，今度から誰もリーダーをしなくなります。

特別な係になった子を，個別にほめず，学級通信で紹介もせず，保護者にも頑張ったことを伝えていないとすれば，黄色信号です。

往々にして，「保護者への連絡はトラブルがあったときだけ」と思っている教師がいます。

保護者への連絡は，子どもが頑張ったときにこそするものです。

体育のボールを取りにいかせるのでも，ちょっとした工夫ができます。

「静かに待っている人から，ボールを取りにいきます」と言えばよいのです。正直に静かに待っている人から，新品のボールを取ることができます。

学級の中には，「目立たないけれど頑張っている子」が必ずいます。縁の下の力持ちのような子どもです。

目立たないけれども，正直に頑張っている子をきちんと認めるような「システム」をつくることが大切です。

これは，教師が意識的にほめるだけでは不十分です。

教師がほめるのを忘れていたとしても，ほめざるを得ないようなシステムをつくらなくてはなりません。

正直者が報われるシステムができると，子どもの「頑張ろうとするモチベーション」を高めることができます。

荒れてどうしようもなかった学級でも，本気の子を笑うような学級でも，子どもたちは「正直者でいたい」という欲求はもっているものです。

その欲求が満たされると，子どもたちの正しい方向へのモチベーションが高くなります。

こうして，前向きな気持ちで進んで動く子どもたちが増えてくるのです。

2 「なぜそれをするのか」を常に考えさせよう

意図や意味を考えて動くことが，自立への第一歩！

➡ 趣意を考えさせる

　子どもたちに行動させる前に，意図や意味を語っているでしょうか。
　人は誰でも，意味もなく行動するのは，嫌なものです。
　意図や意味，意義，理由などがはっきりしているから，行動を起こす気になるのです。
　ですから，行動させる前に子どもに趣意を説明するのが大切になります。
　ここで，もう一歩考えを進めてみて，行動の意図や意味を，子どもに考えさせる場をもつようにしたいのです。
　「この場合どうしたらいいと思う？」
　「なぜ，こういうことをするの？」
　このように子どもに尋ねることはあるでしょうか。
　自立には，「自分で考えて行動する」姿勢が必要になります。
　行動の意図や意味を考えさせることで，何らかの考えをもって，自分から行動できる姿勢を育てていくべきなのです。
　例えば，外遊びを学級全員でするとします。
　遊びのメニューは，子どもに考えさせるとしましょう。
　子どもの発表を聞いていると，2種類のアイデアがあることがわかります。

1つは，自分がやりたいから，提案しているアイデア。
　もう1つは，みんなが楽しめるから提案しているアイデアです。
　そこで，アイデアがたくさん出たところで，教師が尋ねます。
　「ところで，みんなが出したアイデアから1つのアイデアに絞るんだけど，どういうものに絞ったらよいと思う？」
　すると子どもたちは答えることでしょう。
　「せっかく全員でするのだから，みんなが楽しめる遊びがいい」
　「運動ができる子だけが活躍するものじゃなくて，全員が参加できて，活躍できるものがいい」
　このように，子どもに趣意を説明させるのです。
　すると，それを聞いていた子どもは思います。
　「思いつきでアイデアを言っていたけど，そういえば，みんなが楽しめるようなものにする必要があったな」
　「ぼくは自分がやりたいことだけを言っていたけど，そういえば，みんなのことを考えていなかったな」
　このように，何か行動する前に，意図や意味を考えなくてはいけないことを教えていくのです。

⇒何気なくやっていることの趣意を教える

　普段何気なくやっていることにも，何らかの意図があり，意味があることを教えていくことも大切です。
　特に，小学校の高学年ぐらいになると，行動や活動の背景にある意図や意味を知りたいと，強く思うようになります。
　普段何気なく習慣としてやっていることはたくさんあります。
　ある年，子どもたちが「先生，毎日掃除をしているけど，それはなぜですか」と質問してきたことがありました。
　そのとき，私がしたことは，「学校で掃除が始まった由来を調べる」ことでした。

由来を調べているうちに，西洋の学校では，子どもが掃除をしないところが多くあることがわかりました。
　掃除をする人を雇って，放課後に掃除をしてもらっているのです。
　日本のように，「掃除が精神を鍛えることにもなる」という考え方がある国は，子どもたちに掃除をさせています。
　子どもたちにも，掃除を毎日する意味を考えさせてみました。
　「自分が使った場所をきれいにするのは自分」
　「みんなが気持ちよく過ごせるようにするため」
　「毎日掃除をしないと，すぐに汚れる」
　こういった意見が出ました。
　もちろん，教師が調べたことも教えました。
　普段何気なく，当たり前のようにやっていることでも，一度立ち止まって考えたり，調べたりすると，意図や意味に気づくことができます。
　「教室でみんなで勉強する意味は何なのか？」
　「運動会の意味は何なのか？」
　「始業式や終業式の意味は何なのか？」
　こういったことを一度考えさせてみるのもよいでしょう。
　そして，教師自身も，由来や意味を調べてみて，子どもに説明してあげるとよいのです。

➡行動の趣意を確認する

　大切なのは，普段の生活で，自分なりの意図や意味をもって行動できるようになることです。
　そのためには，意図や意味を考えて，行動した子をしっかりとほめるようにしたいものです。
　そして，行動する前には，自分なりの意図を考えておくように促していくのです。
　時には，子どもなりの考えで行動した結果，失敗をすることもあるで

しょう。

　子どもが失敗したとしても，前向きな意図があれば，叱る必要などないのです。

　花瓶の水替えをしようと思って割ってしまったとか，窓ガラスをきれいにしようと思って水拭きしたら余計に汚くなったとか，そんなことはささいなことです。

　それよりも，自分なりの考えで進んで行動できたことをほめるべきです。

　自立には，自立のための力をつけるだけでなく，精神的な自立が絶対に必要です。

　人から指示されて動くだけでなく，自分で意図や意味を考えて動く姿勢が必要になるのです。

　そのためには，意図や意味を考えて行動する習慣を身につけることが大切になります。

　もちろん，教師自身も，趣意をいつでも説明できるよう，意図や意味をもって行動する習慣を身につけなくてはなりません。

3 後ろからそっと見守る場面をつくっていこう

あれこれ口を出さず，時には任せて待つことも大事！

◆「教える」と「育てる」のバランス

　教育は，「教える」「育てる」の両面をもっています。

　まずは，望ましい行動の仕方を「教え」，次に，子どもに「任せて見守る（育てる）」必要があります。

　4月初期の学級経営では，教師がリーダーシップを発揮して，子どもを教えることが大切です。

　ここでの教師のリーダーシップは，子どもをぐいぐい引っ張っていくイメージです。

　的確な指示を出し，よいことはほめ，悪いことは注意する。こうして，集団を統率していくのです。

　このように，最初はリーダーシップを発揮するのが主です。ですが，自立を促すには，徐々に子どもに任せる場面も必要になります。

　「リーダー」ではなく「コーチ」として，子どもに任せ，見守る段階に入っていかなくてはならないのです。

　例えば，給食時間に，当番の子どもたちと給食室に行くとしましょう。

　1年の前半では，教師が列の先頭に立ち，子どもたちを引き連れていきます。

　4時間目の終了のチャイムが鳴ってから5分後に出発します。

　遊んでいる子を待つことはありません。

5分経ったら，集まっている子どもたちだけで出発します。遊んでいた子は，あわてて追いついてきます。
　「待たない」ことで，「チャイムが鳴ったら，トイレに行ったり，手を洗ったりして，さっと並んでおきなさい」という，暗黙の指導になっているわけです。こうして，チャイムが鳴って5分後には，廊下に整列できるようになってきます。
　次に育てる段階に入ります。
　教えたことを子どもができるかどうかを見守るのです。ここからは，子どもに任せ，見守る段階に入ります。
　チャイムが鳴って5分後に，整列と出発ができるかどうかを見ます。
　任せる段階では，教師があれこれと言うのではなく，「待つ」姿勢が必要です。子どもだけでできるかどうか，見守るのです。
　子どもだけでできれば，ほめればよいし，できなければ，指導します。待って，子どもの様子を確認する必要があります。
　並ぶ順番も変わります。教師が一番後ろに並んで，教師が連れていかなくても，子どもが自分から動くのを待つようにするのです。教師は列の一番最後についていきます。子どもが先導して教師が後からついていく状態です。つまり，**「みんなだけで動きなさいよ」という暗黙の指導になっている**のです。
　このように，「育てる」視点をもち，徐々に子どもに任せ，見守っていきましょう。
　そうすることで，子どもは教師の指示待ち状態から，自分たちで考えて行動できるようになっていきます。

⇒あえて指示を出さず，子どもに考えさせる

　給食だけでなく，普段の生活でも，**「教えてから任せる場面」**をつくることが大切です。
　例えば，整列の場面。いちいち教師が先頭に立って，「前ならえをしな

さい」などとやることはありません。

　最初は並び方を教えることはあるかもしれません。

　「集まった人から，だいたいの位置で座って待ちなさい」と言うようなことはあるでしょう。

　教えたならば，後は子どもに任せればよいのです。

　やがて，子どもだけでさっと並べているのを，教師は後ろで見ている状態になります。

　他にも，いつもは集合時刻と場所を，直前に指示していたのに，あえて指示しないようにするのです。

　すると，多くの子が遅刻してしまいます。ここで，**「いつも先生の指示に頼っていた」ということに気づかせる**のです。

　「次は先生が言わなくてもできるかな？」と任せていきます。

　朝の会でも，たまにわざと遅れて行ってみましょう。職員室から教室を見ていると，朝の会の時間になっているのに，本を読んでいる子，歩き回っている子，騒いでいる子など，さまざまな状態が見えます。

　4月は，だいたいこんな調子です。そこで，あえて遅れて行って，注意したいのを我慢して言うのです。

　「あれっ？　もう朝の会の時間ですね。朝の会を始めておかないといけませんね。ちょっと聞いてみます。朝の会の時間だなって気づいていた人？　気づいていた人は立派ですね。

　では，朝の会を始めようかなと思っていた人？　おっ，さらに立派ですね。じゃあ，朝の会の時間だから静かに待っていた人？　これは少ないですね。

　日直の人で朝の会を始めようとした人？　先生が来ないからまだいいやって思ったんだね。わかりました。朝の会の時間になったら，みんなだけで朝の会を始めます。先生は残念だなあ。朝の会はみんなだけでできると思ったんだけど。でも，みんなだったらできるよね？」

　そして，尋ねるのです。「どうやったらみんなだけで朝の会ができるかな？」「どうしたらよかったのかな？」。そして，子どもに解決策を出さ

せるようにするのです。

→子どもの考えや願いを引き出す

　お楽しみ会も，１学期はほとんど教えて，教師主導で楽しくやります。
　２学期は，半分は子どもに任せます。
　３学期は，完全に子どもに任せます。
　子どもたちに，「どんなお楽しみ会にしたいかな？」と尋ね，子どもの考えや願いを引き出していくのです。そして，自分の行動を選択できるよう導くのです。つまり，「コーチ」の役割を，教師が果たしていくようにするのです。
　もちろん，お楽しみ会に慣れている子どもたちであれば，１学期から８割方任せるときもあります。
　反対に，荒れた学級では，お楽しみ会の趣旨や，心から楽しむとはどういうことかがわかっていないので，手本として教師がやってみせて，楽しいお楽しみ会を体験させる必要があります。そのため，１学期はほとんど教師主導でやってしまいます。
　ただ，いつまでも教師主導だと，受け身になる子が出てきます。
　受け身の子になると，いわゆる温室育ちになってしまい，自立からは遠のいてしまいます。
　２学期からは，大胆に子どもに任せる場面をつくってみましょう。
　その結果，うまくいかなかったということもあるでしょう。
　お楽しみ会で失敗したとか，喧嘩が起きたとかです。
　でも，その失敗を反省して，次に挽回をするように言えばよいのです。
　教えてから任せる段階では，失敗も糧になります。
　「教えて任せる」ことを意識して，指導にあたると，子どもの自発的な行動を生み出せることでしょう。

4 夢に向かう モチベーションを高めよう

夢を描かせ，努力を続ける子どもに育てる！

➲優れたコーチの技術

　自立には，「自分でやりたいことを決めて，努力を続ける姿勢」が必要になります。
　大切なのは，「自分で」やりたいことを決めることです。
　人は自分自身の意思で，「やりたい」と思ったことは，進んで動いてやるものです。
　仕事でも何でも，「心からやりたい」と思えることならば，時間を忘れて，真剣に取り組むことができます。生産性も上がります。
　反対に，「やりたい」と思えないと，自分から進んで動けません。
　教師から指示されるがままに動くだけでは，「やらされ仕事」になってしまいます。生産性も落ちてしまうことでしょう。
　子どもも同じです。
　自分が心からやりたいと思えることであれば，子どもは進んで動きます。
　大切なのは，子どもに夢をもたせ，夢をかなえたいというモチベーションを高めることです。
　そのため，子どもの願いや夢を聞き出すことが重要になります。
　優れたコーチは，的確な指示を出すだけでなく，相手の願いや夢を引き出すことができます。

子どもを理解しようと，子どもの話をしっかりと聴き，子どもの意見は肯定的に捉えます。
　このような，**傾聴と承認の姿勢で，子どもの願いや夢を引き出す**のです。

➡２つの「子ども理解」

　さて，子どもに，夢をもたせ，それに向かって歩むよう導くとしましょう。
　このとき，２つの子ども理解が必要になります。
　１つ目は，**「子どもが，自分自身のことを，どう評価しているか」**です。
　自分自身への評価が高いと，楽観的に「何とかなるさ」と考えることができます。
　そうであれば，高い夢にも挑戦できます。
　反対に，自己肯定感が低いと，夢に制限をつけてしまうことがあります。
　自分で勝手に限界を設定してしまい，「自分はどうせできない」などと考えてしまうのです。
　その場合は，自己肯定感を高めることから始める必要があります。
　学級びらきから，成功体験を連続的に保障できなくてはなりません。そして，「今年こそはできそうだ」「今年は何だか違う。頑張れそうだ」と思えるようにしていきます。
　自己肯定感を高めることで，大きな夢を描けようにしていくのです。
　２つ目に理解したいのが，**「子どもがどんな夢をもっているか」**です。
　子どもによってやりたいことや，望む夢は違っていて当然です。
　個々の子どもの願いを教師がつかもうとすることが大切です。
　そして，その夢を叶えるためにはどういったことを努力していかなければならないのかを，一緒に考えていくのです。

➔夢や目標を描かせる

　よくやるのが，子どもに目標を書かせることです。
　学期のスタートには，この学期で頑張りたいことを書かせるとよいでしょう。
　行事の前には，この行事で頑張りたいことを書かせます。
　ことあるごとに，自分はどんなことをやりたいのかの目標を考えさせていくのです。
　2分の1成人式のときや，卒業前の3学期などでは，将来何になりたいのかの，夢を描かせることもあるでしょう。
　将来の夢を描かせるのは，とても大切なことです。
　なぜなら，将来の夢が決まるからこそ，今の自分がどうあるべきかが，決まってくるからです。そして，今頑張っておかなくてはならないことが見えてきます。
　現在の自分に描ける範囲の夢でかまいません。数か月後でさえはっきりと思い描けない子もいることでしょう。それでもよいのです。
　はっきり思い描けなくても，ぼんやりとでも自分のやりたいことを考える機会をつくることが大切です。
　そして，その夢を達成する手立てを，子どもに考えさせます。具体的に何を頑張ればよいのかを考えさせるのです。
　すると，例えば勉強であれば，この教科を努力すればよいといったことが思いつきます。
　子どもがやり方を思いつかない場合は，教師が助言をして，選ぶのは子どもにさせるとよいでしょう。
　例えば，水泳大会の練習前に，「君たちなら優勝を狙えると思うけど，みんなはどういうところに目標を置くのか，まず決めてきなさい」と伝えます。
　そして，目標を紙に書かせるなどして，確認しておきます。

私の場合は，日記を宿題として毎日出していたので，特別な放課後練習がある1週間ぐらい前から，「この特別練習で，自分は何をゴールとして想定するのか」を考えさせていました。そして，練習が終わったときの自分の姿を思い描かせていました。
　ある子は，大会に出たらそれで満足だし，ある子は大会には出ずにきれいなフォームで泳げたらとよしとしています。
　また別の子は，大会での優勝を狙っています。
　ゴールが違えば，歩み方も違ってきます。
　もちろん，教師の教え方も違ってきます。
　教師が個々の夢をつかみ，その夢をかなえてやるように，教えていくのです。
　時には，教師自身が指導力を磨く必要が出てくるかもしれません。
　優勝を目指す子がいるのであれば，それだけの指導力を教師が発揮できなくてはならないからです。
　夢を描かせると，子どものモチベーションが高まります。自分で進んで努力するようになります。
　教師に言われなくても，自主的に水泳の練習をするようになるのです。
　子どもの自発的な努力と，教師の教える努力が重なったときに，教育は驚くべき効果を上げるのです。

5 自立へのイメージを高めよう

日常レベルの具体的な行動を子どもに伝えよう！

⮕ 自立した姿のイメージをもつ

　「人は，自分のイメージ以上には，なれない」と，よく言われます。

　自分のイメージした姿には近づけますが，まったくイメージできない姿にはなかなか近づけないという意味です。

　子どもの場合でも，同じことが言えます。

　そのため，子どもを自立に導きたいのであれば，子ども自身の自立へのイメージを高める必要があります。

　自立した人とは，具体的にどのような人なのかを，教えていかなくてはならないのです。

　また，次のようにも言われることもあります。

「子どもは，教師のイメージ以上には，育たない」

　そもそも，教師自身が，「自立した人」のイメージをもっているでしょうか。

　例えば，自立した人は，次のことができるはずです。

　「自分で考えて，適切に動くことができる」

　このような，具体的な自立のイメージを教師がもつことが指導の前提となります。

　教師がイメージをもったうえで，子どもに教えていかなくてはいけません。

日常的にどんな行動をとればよいのかを，子どもにイメージさせればよいのです。

　例えば，けがをした友達がいたら，どうしたらよいのか。

　運動場で遊んでいて，突然雨が降ってきたら，どうしたらよいのか。

　そういった状況で，どういう行動をしたらよいのかを話す必要があります。

　つまり，「自分で考えて，適切に動くことができる」ためには，**「こういう状況ではこのようにすればよいというモデル」を最初に示しておく必要がある**のです。

　このモデルをきちんと示すことができれば，子どもは少しずつ，自分で考えて動くことができるようになります。

➔望ましい行動モデルを示す

　水泳で，泳力テストをするとしましょう。

　そんなとき，見学している子は，泳いでいる子に対し，どうすればよいのかをあらかじめ教えておきます。

　「テストのとき，見ている人は，しっかりと応援してあげましょう」

　そうすると，友達が頑張っているときは，応援するものだという行動のモデルが，子どもに共通理解されます。

　そして，進んで応援している子をしっかりとほめます。

　教えたら，今度は，別のときにできるかどうかを確認していきます。

　例えば，100m走のタイムを計っているときなどに，友達をしっかり応援していたとしましょう。

　教えたことを生かしている子がいたら，必ずほめることが大切です。

ほめることで，望ましい行動モデルが子どもに定着してきます。その結果，だんだんと状況に合った望ましい行動がとれるようになるのです。

　このように，まず教師が自立へのイメージをもちます。

　そして，その具体的なイメージ像を，子どもにも語ればよいのです。

私の考える自立には，他にも条件があり，例えば，「友達と協調できる」「自分の目標に向かって努力できる」といった姿勢も入ります。
　自立に必要な姿勢を考えたとして，これを日常レベルで，例えばどんな姿勢が見られたらよいのかを，子どもに語っていけばよいのです。

➡日常的な行動を例にとって自立を教える

　あるとき，校庭近くの「立ち入り禁止場所」で遊んでいる子どもたちを見かけました。
　話を聞いてみると，1人の子が「入って遊ぼう」とみんなに呼びかけ，他の5人もそれに追随したとのことでした。
　最初に呼びかけた子は，遊んではいけないことを知っていましたから，確信犯です。
　でも呼びかけについていった子は，言われるがままに従っただけです。友達に依存してしまって，自分で判断しようとしていないわけです。
　こういう場合，全員を叱りますが，主犯格は少し厳しく叱ります。
　それで追随していた子には，別に指導をします。
　「自分でいけないと思ったら，断る勇気をもちなさい。ついていっているだけではだめだよ」
　そして，こういう出来事は，学級でも共有していきます。
　「こんなことがあったんだけどね…，人に流されてついていくだけではだめです。自分で判断できるようになってほしいのです。」
　もちろん，話をしただけですぐにできるようにはなりません。
　子ども同士の力関係の問題もありますし，正しいと思っても行動レベルにまで高まらないといったことはよくあります。
　ですが，**自立した姿を共通理解させることで，自立とはどういうことかのイメージを高めることができます。**
　他にも，「協調の大切さ」を意識させたいなら，協調できている子を探してほめるようにします。みんなの前で紹介するのもよいでしょう。

学級で何かイベントをするとして、イベントの内容が、自分がやりたいものとは違ったものになったというのはよくあることです。

「自分のやりたいイベントに決まらなくても、それでも協力して係をやっている」こういう姿が、協調のモデルになります。

これをほめて、みんなに紹介します。

「A君はね、自分がやりたいゲームが選ばれなかったのに、別のゲームのために協力できていました。先生はすばらしいと思いました」

もちろん、協調とは、自分を押し殺してまで相手に合わせることではありません。

みんなに協力するとは言っても、行き過ぎると自分のためになりません。**バランスのよい協調を教師がイメージし、その具体的姿を子どもの中に見つけて、ほめて紹介すればよいのです。**

自立とは何か、それを教師がイメージしておき、具体的行動モデルを教えます。

そして、自立のイメージを体現している子をほめる中で、子どもの中の自立へのイメージを高めていくことが大切です。

第3章

子どもの可能性を引き出し伸ばす

1 教える場面を必ず用意しよう

「どんな活動をさせ，何を考えさせ，どこを教えるのか」を考えておく！

◆教えることを躊躇していませんか

　かつて学校現場では，次のように言われていた時期がありました。
「教師は教えてはならない。支援をすべきだ」
　誰が言っていたかというと，指導主事であり，校長であり，教育学者です。
　言われていたのは，当時の若手教師です。私もよく言われました。
　文部科学省は，いくつかの答申において，「教えない教師の出現」に警笛を鳴らしました。
　例えば，2008年の中央教育審議会答申では，「子どもの自主性を尊重する余り，教師が指導を躊躇する状況があったのではないか」としながら，「『自ら学び自ら考える力を育成する』という学校教育にとっての大きな理念は，日々の授業において，教師が子どもたちに教えることを抑制するよう求めるものではなく，教えて考えさせる指導を徹底し，基礎的・基本的な知識・技能の習得を図ることが重要なことは言うまでもない」と明記されています。
　そのようなこともあり，教えない教師は減りつつあります。
　しかしながら，今でも「教えるのではなく，支援すべきだ」といった考え方は，根強く残っています。
　ひょっとすると今でも，言われている学校があるかもしれません。

昔から，「子どもは自然と伸びる。だから，自然のまま放っておいてよい」という考え方があるためです。
　それが極端な形で広がったのが，「教えるのではなく，支援すべきだ」というスローガンなのです。

⮕活動させっぱなしにしない

　現在でも，若手教師の授業を見ると，「教える場面」がないことがよくあります。
　例えば，台形の面積の求め方を，子どもたちに考えさせたとします。
　そして，さまざまなやり方を発表させたとしましょう。
　ここで終わってはいけません。なぜなら，子どもたちは待っているからです。
　つまり，「果たして自分たちが出したこの方法でよかったのかどうか？」と，不安に思っているのです。
　ですから，最後に，総括をすべきなのです。
　例えば，「みんなが出したやり方は，どれも正解です。台形の面積はすべて正しく求めることができました。よく頑張りましたね」と声をかけます。
　これで子どもたちの表情を見ると，ほっとしているはずです。これでよかったのだとわかるのです。
　さらに力のある教師は，活動させることで総括をしていきます。
　「全部正しいのだけれど，算数の世界は，できるだけシンプルでわかりやすい方法がよいとされています。みんなに尋ねます。今日出されたやり方で，一番簡単に答えが求められるやり方はどれですか？」
　例えばこのように尋ねて，簡単なやり方を探させるのもよいでしょう。
　そして，「今日出たやり方で簡単そうなのはこれですね」と「教える」のです。
　または，次のように言ってもよいでしょう。

「実は，みんなが出したやり方の1つは，教科書にも載っています。教科書に式が載っていますからノートに写しなさい」

このように，教師の「教える場面」をどこかに入れるのです。

子どもに活動させっぱなしで終わるのではなく，教師が新しい知識を教えたり，評価・助言したり，総括をしたりといった，教える場面を入れることが大切なのです。

➲「教える場面」の入れ方

「教える場面」は，大きく分けて，2つの取り入れ方があります。

子どもに活動させる前に入れるか，それとも，活動させた後に入れるかの2つです。

もちろん，子どもの活動前後の両方に「教える場面」を取り入れてもかまいません。ですが，大きく分けて，活動前後のどちらに重点を置いて教えるかで，授業は様変わりします。

知識の習得場面では，子どもの活動前に「教える場面」が入ります。

例えば，割合の計算の仕方をまず教えて，次に練習問題でその教えたやり方で問題を解かせる場合です。「教える場面」が最初にきて，後から子どもに活動させるわけです。

この場合，「教えて→考えさせる」の順番で授業は進みます。

反対に，**知識の活用場面では，子どもの活動が先に来ます。**

算数では，これまでの知識を活用すれば解ける問題があります。

こういうときは，最初に教えずに，子どもにいきなり活動させます。つまり，問題文を読ませて，問題を解くための考え方をつかませたら，「解きなさい」と指示すればよいのです。

そして，いくつかのやり方が出たのなら，どのやり方がよかったのかを教師が評定したり，新しいやり方を提示したり，どのやり方もよかったと総括したりと，教える場面を入れていきます。

例えば，先に述べた「台形の面積の求め方」の授業が，これにあたり

ます。「考えさせて→教える」の順番で，授業が進むわけです。

このように，大まかに言えば，「習得場面では，教える場面が先」「活用場面では，教える場面は後」になります。

➡気をつけるべきポイント

気をつけなくてはならないのは，先に活動させたときに，教える場面が抜ける点です。

教えるのを忘れていたとき，授業後の子どもの表情を見てください。必ず不満そうな顔をしています。

もちろん，オープンエンドの授業で，「疑問をもたせるだけで，教えないで授業を終わる」といった形もあります。

単元には，10時間なら10時間分の流れがあります。

ですから，次の授業で調べるといった活動を組み，3時間目に教師が教える場面を入れるといったこともあり得ます。

ただし，たとえオープンエンドの授業であっても，疑問の見つけ方や，予想の仕方などの学習技能は教えなくてはなりません。

次の時間に調べ学習をするのであれば，そのやり方は，きちんと教えておかないと，調べ学習自体ができなくなってしまうからです。

体育などの技能系の授業では，教師が教えているかどうかで，子どもの伸びがまったく変わってきます。

放置していて，25mを泳ぐ力を子どもが自然と身につけるのは難しいのです。

「100回泳ぎなさい」とだけ言って放っておくのは，体力主義的指導です。

授業の前に，「どこを活動させて，どこを教えるのか」「何を考えさせて，何を教えるのか」を，教師が想定しておくことが大切なのです。

「この授業で何を教えましたか」授業後に，時々それを振り返ってほしいと思います。

2 子どもの活動場面を確保しよう

深く理解させるには，活動を取り入れることが不可欠！

●子どもは教師と同じようには理解できない

　前項で「活動させっぱなしの授業」は，まずいと言いました。
　教える場面を入れなくては，子どもは伸びないからです。
　ところが反対に，教えるばかりで，活動のない授業もときに見られます。
　講義形式で，教師が説明してばかりの授業です。
　実は，これも子どもを伸ばす授業になっていません。
　というのも，**教師が自分で大切だと思う知識を，口で伝えても，子どもは，教師と同じレベルでは理解できない**からです。
　まず，教師自身が大切だと思った知識を，子どもも大切と思うとは限りません。「何が大切で，何が大切でないか」の判断は，人によって違います。情報の重要度は，聞き手の知識と経験によって変わるからです。
　そのため，たとえ教師の話にしっかりと耳を傾け，話をすべて聴いてメモしたとしても，子どもの理解は，浅いままにとどまる可能性があるのです。
　教師が理解できる程度に子どもが理解できるとは限らないからです。
　もっと言えば，教師が理解できる程度に理解できる子どもは，ほとんどいないのです。
　ですから，講義調の授業をすると，子どもたちはわかったようなわか

らないような顔をします。

　惰性的に，とりあえずノートにメモをとっているだけという子もいます。

　これでは子どもを伸ばすことはできません。

　学習内容を理解させるには，子どもに活動をさせながら，知識と体験を補うことが必要です。活動の中でこそ，子どもは教師の語る新しい知識を深く理解することができます。

→ 具体的な活動例

　わかりやすい例として，3年生の「昔の道具調べ」を挙げます。

　教科書に載っている昔の道具を，教師がこんこんと解説しても，子どもの理解度は不十分なまま，といったことが往々にして起きます。

　そうではなくて，実際に昔の道具を使わせてみましょう。そうすれば，すぐに理解できます。複雑な構造になっていることや，さまざまな工夫があることを子どもが実感できるのです。

　七輪だけでも使わせてみるのです。おもちを焼かせてもよいでしょう。実際にやってみれば，わかるのです。

　活動の中で，教科書の写真の何倍もの知識を得ることができます。その後で，「今のガスコンロと比べてどうでしたか？」と比較を促す発問をすれば，すんなりと違いや共通点に気づくことでしょう。

　ちなみに，活動といっても，体を動かすことだけを意味しません。

　考えさせることも活動の1つです。教師が発問をし，子どもの考えを発表させます。これだって立派な活動なのです。

　「今の家と比べて何が違いますか？」

　「家には，どんなよい点がありますか？」

　写真や映像を見せた後で，発問し，子ども同士で考えさせる時間を確保することで，内容をより深く理解させることができるのです。

　また，子どもに資料を使って調べる活動をさせてもよいでしょう。

教師からの一方的な説明を聴くよりも，自分で調べた方が，理解できることもあります。また，子どもの集めた情報を，子どもたちで共有させることで，多種多様な情報を蓄積させることができます。
　さらに，「知識を活用させる場面をつくる」のも活動の1つです。
　例えば，算数科で，最初に問題の解き方を説明しておき，その後の今までの知識を活用する問題であれば，いきなり問題を考えさせる活動から，入ることができます。
　練習問題は子どもに任せるといった具合です。
　これなら誰でもやっているでしょう。
　しかし，理科や社会科でも，子どもに知識を活用させる場面をつくっているでしょうか。
　何か子どもに任せるといった活動を取り入れているでしょうか。
　以上のように，活動場面には，いろいろなものがあります。

①子どもに体験させる
②発問をして思考させる
③知識を活用させる
④相談させる
⑤チームで，1つの課題を解かせる
⑥自分の考えを発表させる
⑦討論させる
⑧調べ学習をさせる

　このような子どもの活動を，1時間に必ず入れていくことを意識するだけで，授業は様変わりします。

→活動が先か，教えるのが先か？

　すでに述べたとおり，活動を先にもってくるか，後にもってくるかで

授業は様変わりします。

　活動を先にさせる場合は、子どもにたくさんの情報を蓄積させることができます。

　例えば理科で、「磁石で遊んでみましょう」と最初に遊ばせます。すると、磁石に関するたくさんの情報を、それぞれの子がバラバラに得ることでしょう。

　活動後に、「磁石で遊んでいて発見したことを発表してごらん」と指示します。そして、磁石の性質に関する情報を蓄積させていくのです。

　社会科でも、「調べ学習をさせる」といった活動から入ることがあります。例えば沖縄の暮らしを調べるとして、沖縄に関する情報が子どもにはあまりないとします。

　その場合は、沖縄のパンフレットや地図などを用意し、「沖縄のパンフレットや地図を見て気づいたことをノートに書きなさい」と調べ学習から入ります。すると、子どもたちは沖縄の暮らしに関する気づきを、たくさん得ることができます。

　つまり、情報が蓄積されていくのです。

　その後で、暖かい地方における生活の工夫を考えさせていく発問をしつつ、より詳しい説明をしていけばよいでしょう。

　ただし、活動を先にもってきて失敗する例もあります。

　例えば算数で、解き方が発見できそうもない問題で、いきなり考えさせてしまうケースです。これはかつての現場では本当に多く見られました。

　理科でもよくありました。受粉の仕組みなど、子どもが自然には気づかない内容を発見させようとする学習です。

　この場合は、教えてから、次に考えさせるという活動を入れるべきなのです。

　このように子どもの活動を授業のどこに取り入れるかで、授業の成否も変わってきます。

3 評定・助言を繰り返し，最後はほめて終わろう

「指導の順番」の基本型を身につければ，指導はうまくいく！

⮕ 教えた後に教師がすべきこと

　教えた後，子どもができているかどうかを確認することが大切です。
　例えば，「平泳ぎのキック」を教える場面で考えてみましょう。
　全体に向けて，「足の裏で水を蹴る」やり方を教えたとします。
　そして，練習時間をとりました。
　よくある指導の風景です。
　ここまではよいのですが，教えっぱなしでは，子どもは「自分ができているかどうか」が判断できません。
　そこで，教師が１人ずつ確認していく必要があります。
　キックができている子はほめ，できていない子には助言をしていきます。
　ほめるにしても，「上手だよ」では，どれぐらい上手なのかがわかりません。
　具体的に評定してあげることが，必要になります。
　ちなみに，「評価」と「評定」は違うものです。
　「上手だよ」と言ってほめるのは，評価です。
　評定は，「A，B，C」とか，「５段階」「10点満点」などの数値で，その子の出来具合を判定することを意味します。
　平泳ぎのキックができない子を30人ほど集めて，キックの練習をさ

せます。
　そのとき，教師は1人ずつ見ていくのですが，どれぐらいできているのかを評定した方がいいのです。子どもに，「自分の出来具合」を知らせるのです。
　「今日は，10点中，5点とれたら合格とします」
　このように言って，評定を始めます。
　評定は，ダラダラと長い時間はかけません。教師は30人も40人も見なくてはならないのですから，時間をかけていると，評定だけで終わってしまいます。評定以外にも，助言をしなくてはなりません。
　評定は，すばやく，端的に行いましょう。
　「○君3点，○さん2点，○さん2点，○君惜しくも4点……」といった具合です。
　「後どれぐらい頑張れば合格なのか」がわかると励みになります。
　評定が上がると，進歩がわかって子どものやる気も出てきます。
　大切なのは，自分がどれぐらいできていて，どれぐらいのスピードで進化しているのかを知らせることです。
　よくある若手教師のミスは，集めた30人全体に向かって，「ここに気をつけなさい」と，一斉指導をしてしまうことです。
　子どもによって，到達度も，進歩の具合も違うのですから，一人ひとりを評定し，一人ひとりに助言すべきです。
　評定を一通り終えたら，今度は個別に助言をしていきます。
　子どもの足を持って，「こう蹴るんだよ」と，まさに手とり足とり教えていきます。
　このとき，30人全員に助言をしていると，それだけで30分はすぐにかかってしまいます。そこで，指導の軽重をつけていきます。
　つまり，できる子には，助言の時間は短くてよいのです。
　そして，5点以上の合格者には，「じゃあ，3コースでビート板を持ってキックだけの練習をしてきなさい」と指示します。できていない子が残りますから，重点的に，手とり足とり教えていけばよいのです。

⇨成功体験にできるかどうかの最大の要因

　指導の最後には，肯定的な言葉かけをして終わります。
　一番よいのは，全員をできるようにし，全員をほめて終わることです。
　5点とって合格した子に，「頑張ったね！合格だよ」と伝えます。この言葉自体が，ほめることになっています。
　問題は，なかなか上達しなかった子です。
　この子にも，肯定的な言葉をかけてあげたいのです。
　「今日は，2点から4点まで上がったね。明日はきっと合格できるよ」と励ますのです。
　このように，最終的に全員が「頑張ってよかった。できるようになった」と思っている状態ができていれば，すばらしい授業と言えます。
　肯定的な言葉かけには，「ほめる，励ます，勇気づける」などさまざまなものがあります。
　よくあるミスが，肯定的な言葉をかけ忘れることです。
　「ほめて終わる」という強い意識がなければ，最終的に全員に肯定的な言葉かけをすることを忘れてしまいます。
　くれぐれも気をつけたいものです。
　成功体験にできるかどうかは，全員に対して，肯定的な言葉かけをするかどうかにかかっているのです。

⇨「指導の順番」の基本型

　以上に示したように，指導の順番の基本型は，「教えて，やらせてみて，助言と評価をする」です。
　作文の書き方でも，発表のさせ方でも，何かの知識や技能を習得させたいときは，この順番で指導をすると効果を発揮します。
　この指導の順序を基本としながら，「やらせてみて，教えて，やらせて

みて,助言と評価をする」といった応用の型で指導をする場合もあります。

いずれにしても,子どもの伸びを確認し,最後はほめて終わるようにしたいものです。

もし,できていなくても,「今日はこの練習をやって,ここまでできるようになったね」と勇気づけたり,「○さんの頑張りなら,近いうちに,きっとできるようになるよ」と励ましたりと,その子のやる気が高まる方向の肯定的な言葉かけをしていくことが重要です。

反対に,教える行為が抜けると,いつまで経っても知識や技能が身につかないことになりかねません。

小学校6年生でも,「サッカーボールを高く上がるように蹴る」といった基本動作ですら身につかないことになってしまいます。

また,肯定的な言葉かけや評価が抜けてしまうと,子どものやる気が高まらないことになってしまいます。

「指導の順番」の基本型を,教師ならば強く意識しておき,最後に「助言と評価をする」ことを忘れてはならないのです。

4 子どもの協同意識を高め教え合いを促そう

学習内容によって一斉教授とグループ学習を使い分けよう！

➡ まずは一斉教授の充実を

　授業の進め方は，「一斉教授」が基本となっています。
　計算，読解，100m走，演奏・合奏，絵画…。学校で学ぶ多くの内容は，教師の教授なくしては，上達が難しいものです。
　一斉教授を中心に，個別指導を織り交ぜて教えていくことで，子どもを伸ばしていくのです。
　教え方の上手な教師にかかると，本当にあっという間に子どもができるようになることだってあります。
　私の学級の6年生での出来事です。子どもたちは，これまでの音楽授業では，高いきれいな声で歌ったことがないと答えました。事実，高いきれいな声を必要とする合唱でも，地声で歌っている状態でした。
　つまり，6年生になっても，未だに高いきれいな声で歌うことを理解できておらず，技能としても身についていないわけです。
　さて，この子どもたちを高いきれいな声で，それこそ有名な合唱団のような声で歌わせるのに，どれぐらい時間がかかったでしょうか。
　8割の子が高いきれいな声で歌えるようになるのに，かかった時間は，5分といったところです。もちろん恥ずかしさでなかなかできない子や，理解してから歌えるようになるまでの習熟に時間がかかる子もいます。しかし，教え方さえ知っていれば，大多数の子はすぐにできるようにな

ります。

　このように授業は，一斉教授で教師が教えるのが基本となります。

⇒子どもへの丸投げはNG

　反対に，教師が教えずに，子ども同士の教え合いだけで授業を進めようとすると，失敗することも少なくありません。

　子どもに丸投げして，「高いきれいな声で歌えるようになるための方法を相談しなさい」と言っても，「時間がかかって，しかも，結局できなかった」で終わってしまうのです。

　以前，「子ども同士の教え合い」を取り入れた授業を見ました。

　バトンパスを，子ども同士の教え合いで上達させる授業でした。

　1時間，何度も，子ども同士の相談の時間がとられました。

　相談の後には，練習の時間もありました。

　さて，1時間後，バトンパスができるようになったでしょうか？

　結果は，まったくできるようにならなかったのです。前回の授業もバトンパスの授業だったといいます。しかも，高学年です。数時間に及ぶ教え合いで，まったく上達しませんでした。

　これは，ある有名附属小学校の公開授業研究会での出来事です。

　ちなみに，バトンパスの上手な教え方は，すでに開発されています。ですから，教師がその教え方に沿って授業すれば，5分で子どもたちは理解できます。

　上手なやり方を教え，理解させたうえで，後は習熟のための練習時間に授業時間を使えばよかったのです。

　子ども同士で何度相談させたところで，出てくるパスの仕方は，「スピードを殺さずにパスしよう」「できるだけ後ろに手を伸ばそう」「わたすときに声を出そう」などと，ありきたりなものでしかないのです。

⇨子ども同士の教え合いが効果的な場合もある

　一斉教授が授業の基本であり，丸投げはだめだとわかったうえで，子ども同士の教え合いで授業を進めることもあります。
　子ども同士が協力し，教え合って，課題を解決する学習です。
　このようなグループ学習は，簡単なものであれば，一斉教授の中に取り入れることができます。
　例えば，教師が発問をしたとしましょう。その発問に対する自分の考えを，ペアで話し合わせるだけで，教え合いの場面が生じています。
　他にも，「班で協力して昆虫を探してきなさい」と指示するのも，班での教え合いの場面になります。
　このように，簡単な「教え合い」は，普段の授業の中で，日常的に取り入れることが可能です。
　一方，授業のほとんどを「子ども同士の教え合い」だけで進めるものもあります。
　例えば，子どもたちの興味のあるテーマに分かれて，調べ学習をさせるような場面です。
　環境問題であれば，絶滅危惧種の問題，エネルギー問題，水資源の問題といった，自分が興味のある問題に分かれてそれぞれ調べ学習を行います。
　その後，それぞれの班で発表をして，情報を共有させます。
　時には，「水問題を解決するためにどうするか」などをテーマに，討論させます。学級全体で意見を交流させ，理解を深めさせるのです。
　このような，「子ども同士の教え合い」が中心になっている授業もあります。
　ただし，調べ学習の仕方や討論の仕方などが，ある程度子どもに理解され，習得されていないと，なかなか成立が難しいところもあります。しかし，うまくいくと，子どもが受け身にならず主体的に調べ学習を行い，

活発な論争ができ，力を伸ばすよい機会になります。
　一斉教授と，グループによる学習とを，両方大切にすべきです。
　一斉教授で教えた方がよい学習内容と，グループで教え合った方が効果的だと思える学習内容とを，教師が選別すべきなのです。

➔質の高いグループ学習にする条件

　「子ども同士の教え合い」を取り入れて授業を進める場合，効果的な学習にするため，いくつかの条件を満たしておく必要があります。
　①何としても調べたい，解決したいという意欲をわき起こさせる
　②目的を共有した異質のグループをつくる
　③認め合いの雰囲気をつくる
　特に重要なのは，「認め合い」の雰囲気づくりです。
　子ども同士が互いに認め合っている状態でない限り，教え合いはできません。できる（と周りから思われている）子が，全部学習を進めて終わりということになりかねません。
　お互いの考え方は違っており，それぞれの意見に価値があることが，「体験的に」理解できていないと，認め合いの雰囲気は生まれません。
　普段の授業で，「できる子が間違え，できない子が正解する」「多くの子が間違えて，たった数人が正解する」といった状況をつくり出しているでしょうか。
　また，「正解のない問い」に対し，どの意見も認め，それぞれの意見に価値があるといったことを話しているでしょうか。
　グループ学習をしたら，たくさんの意見が出たり，質の高い意見が生まれたりしたという経験をさせているでしょうか。
　子どもは体験を通して理解することで，考え方が変わります。**「みんなの意見はそれぞれ違っていても，それぞれに価値がある」**という認め合いの雰囲気をつくっていれば，教え合いの場面を取り入れることで，子どもが伸びる授業にすることができるはずです。

⑤ 教えるポイントを絞ろう

知識や技能を「確実に」習得させるために，ねらいを明確にする！

→子どもの「わかった！」「できた！」を意識する

　授業では，多くのことを教えようとすると，失敗します。
　学習内容が多すぎると，子どもの理解が追いつかないからです。
　大人でも，いっぺんに多くの内容を教えられると，頭が混乱してしまいます。
　教師からすれば，教えたい内容はたくさんあるということでしょう。
　しかし，子どもからすれば，大切な内容をたくさん羅列されると，授業が終わったときに，いったい何ができるようになって，何が大切だったのかがわからなくなるのです。
　授業が終わったとき，子どもたちに尋ねてみるとわかります。
　「この授業で何がわかりましたか？」
　「この授業で何ができるようになりましたか？」
　知識を習得させる授業であれば，何が理解できたのかを，子ども自身がわかっていれば，授業は成功したことになります。
　技能を習得させる授業であれば，何を習得できたか，何が上手にできるようになったのかを子ども自身が実感をもっていれば，授業は成功したことになります。
　反対に，授業後にこれらの質問をして，「何だかよくわからなかった」とか，「あまりできなかった」などのような答えが返ってきたら，授業の

ポイント(ねらい)が絞り切れていなかったのかもしれません。
　走り高跳びでも，助走ができるようになることをねらうのか，それとも跳び方をねらうのか，とりあえず高跳びへの慣れをねらうのかでは，授業が変わってきます。
　算数でも，計算の仕方を理解させることをねらうのか，それとも，今までの知識を活用して文章問題を解けるようになることをねらうのかでは，授業が変わってきます。
　あれもこれも教えようとするのではなく，**教えるポイントを絞って，じっくり教えた方が，子どもにとって理解しやすい**のです。

⇒ポイントを絞って，じっくり教える

　大切なのは，教えるポイントを絞って，じっくり教えることです。
「じっくり」教えるには，いくつかの方法があります。

①繰り返し教える
②だんだん難しくしていく
③別の角度から考えさせる

　「繰り返し教える」というのは，おそらく一番使われている方法です。反復練習をすると，習熟度が高まるからです。
　例えば，算数の計算では，類題を何度も解かせて，解き方に慣れさせます。泳ぎ方であっても，何度も練習して板についてくるといったことがあります。どの教科でも，よく使われる方法です。
　「だんだん難しくしていく」とは，例えば，走り高跳びで言えば，バーの高さを少しずつ上げていくことです。
　または，最初はゴムで跳ばせて，途中から本物のバーを使うことでも難易度を変えることができます。

第3章　子どもの可能性を引き出し伸ばす

少しずつ難しい課題を与えて，習熟を図っていくのです。

また，「別の角度から考えさせる」方法もよく使われます。

例えば理科で，「空気を温めると膨張する」ことを教えるとしましょう。

それを，ビニール袋やマヨネーズの容器，ボールなどを使って確かめさせます。さまざまな活動の中で，「空気を温めると膨張する」ことが理解できました。

ここで終わってはいけないのです。

ここから，別の角度から考えさせる活動に入ります。

「では，反対に冷やしたら，空気は縮むのでしょうか」

こう尋ねて，今度は冷やすことで，容器が膨らんだり縮んだりするのかを確かめさせます。つまり，反対の角度から調べさせるわけです。

他にも，「水の膨張と空気の膨張では，どちらが大きいか」などと尋ね，別のものと膨張率を比べさせるといった活動も考えられます。

このように，さまざまな活動を用意して，別の角度から教えることで，理解を深められるようにしていくのです。

➡ 多くの知識を教えたいときの工夫

このように，教えるポイントを絞り，知識や技能の習得を確実にしていくことが大切になります。

かつての学校教育では，とにかく教える内容をたくさん詰め込んで，理解できたかどうかは，子ども次第といったところがありました。

そうではなく，**知識や技能を「確実に」習得させる責任が，教師に求められる**時代になっています。

もちろん，幅広く，多くの知識を教える場合もあるでしょう。

例えば，歴史の学習では，大切な用語や政策，人名などがたくさん出てきます。

そのような場合でも，例えば，「徳川幕府が長く続いた理由は何か？」といった1つのテーマに絞って，そのテーマに沿って調べさせる中で，

大切な用語や政策を，順に理解させていけばよいのです。

「全部大切だから覚えておいてね」と**知識を詰め込むのではなく，1つのテーマを掘り下げていく**うちに，自然と理解できるように導いていけば無理が生じません。

また，多くの知識を得させたい場合は，教師が一方的に説明するのではなく，グループ学習で，調べ学習をさせて，その後，討論をさせるといった具合に，子どもの活動中心の授業をすることもあるでしょう。そうすれば，それぞれの子どもの理解のスピードに合った形で，情報を蓄積させることができます。

一斉教授の中では，教えるポイントを絞って，子どもに確実に知識や技能を習得させることが大切です。

授業者は，授業をする前に，次のように自問してみるとよいでしょう。

「この授業で何をねらったのですか」

この質問を誰かにされたとして，即答できるかどうか，考えてみるのです。この質問に対して，即答できると，教えるポイントが絞られていることになります。

6 子どもの自己イメージを高めよう

子どもの小さな頑張りを成功体験に！

➡ 子ども自身は自分をどう評価しているか

　子どもの可能性を引き出せるかどうかは,「子どもに高い自己イメージをもたせられるかどうかで決まる」と言っても過言ではありません。

　子どもが,自分自身のことを,「何をやってもできない」「どうせ失敗する」といったマイナスの評価をしていることがあります。

　自分に自信がなく,自分で限界を設定してしまっているのです。

　荒れた学級では特にそうで,「次は跳び箱だよ」と言った瞬間,「どうせできっこない」「難しい」といったネガティブな言葉が飛び交います。このような状態では,子どもの可能性を引き出すことはできません。

　「子ども自身が自分をどう評価しているのか」。それを知る努力を,教師はしなくてはなりません。

　もし子どもが,低い自己イメージしかもっていないのであれば,そもそも,努力や挑戦をする気力が出てきません。

　自己イメージを高めないと,目標をもたせることすらできないのです。仮に目標を無理矢理もたせたとしても,低い目標しかもつことができなくなります。

　そこで,子どもの可能性を引き出すには,まずは,子どもの自己イメージを高める必要があります。

　子どもの自己イメージを高める方法は,いくつもあります。

特に重要になるのは,「成功体験」「教師のコミュニケーション」「子どもが自分自身に向かって放つ言葉」の3つです。

⮕成功体験の蓄積

　学級びらきから1週間は,特に意識して,子どもに成功体験を積み重ねていくことが大切です。

　成功体験といっても,小さなものでかまいません。

　挨拶を大きな声で言ったとか,ノートを去年より丁寧に書いたとか,そういうことでかまいません。

　大切なのは,教師がほめることです。子どもが頑張っているだけでは成功体験にはなりません。必ず教師が個々の頑張りを認め,その頑張りに対して,肯定的な言葉かけをしなくてはなりません。**肯定的な言葉かけをすることで,その少しの頑張りが成功体験へと変わる**のです。

　また,4月には,体育でマットや跳び箱,高跳びなど,簡単に子どもの伸びがわかる運動を行ってもよいでしょう。1週間でこんなに記録が伸びたとか,運動ができるようになったという経験をさせるのです。

　他にも,詩の暗唱や,上手な絵が描けたという経験をさせてもよいでしょう。漢字の練習を念入りにやったうえで,10問テストを行い,ほぼ全員が100点をとったという経験をさせてもよいでしょう。

　子どもはもともと,4月の学級びらきは張り切っているものです。今年こそは頑張ろうと思っているものなのです。

　そのやる気を生かす場面を教師が用意し,頑張りを認め,ほめるだけでよいのです。これで,成功体験の蓄積はうまくいきます。

⮕子どもの自己イメージを高めるコミュニケーション

　ただし,子どもは失敗も多くします。暗唱に挑戦したのに何度も不合格になるとか,体育が嫌いで休んでしまうとか,そういったマイナスの

出来事も起きてきます。

　このときこそ，教師のコミュニケーションが大切になります。

　子どもが成長した姿を思い描き，その子に話しかけます。

　体育を休んでしまう子には，「君ならやれば，きっとできるよ。もともと運動もできるし。先生は期待しているから」といった言葉かけになるでしょう。

　くれぐれも，子どもに「君は体育が苦手だからなぁ」などと言ってはいけません。これを言われた子どもは，本当は体育が苦手ではなくても，「自分は運動が苦手なのだ」というマイナスの自己イメージをもってしまうからです。

　教師が想定できる「十分に成長した子どものイメージ」をもとに，子どもに語ることが大切です。

　失敗をした子には，「君なら次はうまくできるよ」と伝えます。

　逃げたりごまかしたりする子には，「本当の君は素直で，正直なんだよ。先生は信じているからね」と話します。

　不思議と子どもは，教師が話した「高い自己イメージ」を，だんだんと心に描くようになります。そして，本当に「高い自己イメージ」の方向に変わっていきます。

　子どもの自己イメージが高くなれば，行動も考え方も変わってきます。自然と前向きな行動をするようになり，努力を惜しまないようになるのです。

　そして，**子どもの習慣そのものが，自動的に，子どもの内面から変化する**のです。習慣が変わった結果，子どもは本当にその高い自己イメージの方向へ変わることができるのです。

➡ ポジティブな言葉で自分に語りかけるよう促す

　最後に，「子どもが自分自身に発する言葉」を，ネガティブなものから，ポジティブなものに転じる必要があります。

子どもが，何を目標とし，どんなことに価値を置いているか，教師はそれを知る努力をしなくてはなりません。
　「この1年で頑張りたいことは何ですか。どんな1年にしたいですか」
　このように，4月に尋ねます。
　夢や目標を書かせるのは，ある程度成功体験が蓄積された，学級びらき1週間後ぐらいにするとよいでしょう。
　子どもたちは成功体験を重ねていますから，ある程度大きな夢や目標をもつことができるはずです。
　一人ひとりの目標や夢は違います。それぞれの価値観も違いますし，何をしていたら喜びになるのかも違います。
　それらの子どもの夢や価値観を，教師は知る努力をし，「絶対に達成できるよ」と励ましていくのです。
　去年荒れていた学級で過ごしていた子や，これまでに学校生活で失敗体験を重ねてきた子は，一時的に高い目標を立てることができたとしても，すぐにネガティブな自分に戻ってしまいます。
　自分自身に対し，「どうせできっこない」などと，日常的に言っているからです。
　教師は，「自分自身にポジティブな言葉かけをするのが大切なのだ」と話さなくてはなりません。
　ネガティブな言葉を子どもが言うことがあったら，それをいさめて，「君なら絶対にできる」と語らなくてはなりません。
　もちろん，教師自身が自分の力量を磨くことも大切です。子どもだけに努力を任せるのではなく，教師が子どもを伸ばす努力もしなくてはなりません（成功体験のつくり方の詳細は，拙著『必ず成功する！　授業づくりスタートダッシュ』（学陽書房，2011年）で紹介しています）。

第4章

子どもを伸ばす環境をつくる

1 それぞれの個性を認める「メリハリ」の環境づくり

「ほめる」「叱る」のバランスをとって、その子のよさを伸ばそう！

➡子どもを伸ばす環境づくりの基本

　子どもが生き生きと過ごせる学級は、子どもが伸びる環境と言えます。
「自由で安心できる」
　子どもがそのように感じている環境であれば、子どもは個性を伸ばし、いろいろなことに挑戦しようとすることでしょう。
　反対に、暗い雰囲気の学級では、子どもは自分の力を最大限に伸ばすことはできません。
　規律が厳しすぎて、子どもが萎縮してしまっては、やりたいことに挑戦しようとする意欲も低いままになってしまいます。
　規律だけでなく、自由もまた学級には必要になります。
　よく、「叱るのと、ほめるのはどっちが大切か」といった論議があります。
　これは「どちらも大切だ」ということは、論を俟ちません。
　ただ、やり方が問題になります。
　規律を守れない子を叱るばかりでは、子どもは萎縮してしまいます。
　そうではなくて、規律を守れていない子がいたのなら、規律を守れている子を、まずはほめるべきなのです。
　ほめたうえで、しばらくして、まだ規律を守れていない子がいたら、ここで教師が叱ります。

このように，ほめると叱るをバランスよくやっているかどうかが問題になるのです。

　教師が「最近叱ることが多いな」と感じていたら，子どもは，もっと叱られることが多いと感じているものです。

　ですから，教師自身が，「最近ほめているのが多いな」と思えて，ちょうどよいのです。叱るとほめるのバランスがとれているのです。

　もっといえば，**「最近，ほめまくっているな」と思えて，やっと生き生きとした学級になっていきます。**

　かつての西洋の学校では，「教えるというのは，『厳しく躾ける』ことだ」という方向が強く打ち出されていました。1年後に鞭が血で染まったという逸話が残っているぐらいです。

　こういった管理教育，厳しく叱る教育では，学級に自由な雰囲気は生まれません。

⇒教室の雰囲気づくりのイメージ

　教室にはやんちゃな子がいて，イタズラをしたり，廊下を走り回ったりしているものです。

　これらをすべて叱っていると，キリがありません。

　いじめにつながることや，法律で禁止されていること，子どもの命に関わることであれば，厳しく叱ることが大切です。

　しかし，廊下を走っているぐらいであれば，目くじらを立てる必要はありません。

　ところが，廊下を少し走ったぐらいで，怒鳴っている教師もいます。

　これでは窮屈な教室になってしまいます。

　そうではなく，**少々はみ出している子がいて，それを教師が「お目こぼし」している状態でよいのです。**

　大切なのは，頑張る場面では，本気で頑張れる「メリハリ」の姿勢を子どもに育てることです。

つまり，一見，子どもっぽく，がちゃがちゃしているけれど，集中できるところは集中できる。そんなメリハリのある姿を目指すのです。

ちなみに，「お目こぼし」は，発達障がいをもつ子にとって，重要な教育方法となります。

個性のある子どもたちは，イタズラや失敗を繰り返すものです。それをいちいち叱っていてはキリがありません。**人に迷惑がかかっていなければ，少々のはみ出した行動は，見守っておけばよい**のです。

決して放っておくのではありません。見守って，そっとしておけばよいのです。

そうして，望ましい行動をし始めたときに，「頑張っているね」としっかりほめます。すると，望ましい行動が強化されるのです。

望ましくない行動をすべてモグラたたきのように指導していては，学級に余裕や自由な雰囲気は生まれません。

◆子どもの個性が生かされる環境づくり

子どもにはそれぞれ個性があります。

「子どもの個性をそれぞれに認める」姿勢が教師に必要になります。

反対に，やんちゃな子の，やんちゃな行動をなくそうと思ったとしましょう。ところが，これは徒労に終わってしまうことがよくあります。

やんちゃな子は，やんちゃに行動することがその子の個性であり，よさだからです。

その個性を，教師が一方的に「だめなもの」「望ましくないもの」と判断してしまうと，その子の個性はマイナスイメージに変わってしまいます。

「だめなもの」と判断し，多大な労力を費やして，その子の個性をなくしたとしても，最後に残るのは何でしょうか。

教師にとっては，多大な労力を費やして，子どものやんちゃな部分が少し治まったというだけです。

子どもにとっては，自分の個性を押さえつけられて，元気がなくなったということにもなりかねません。
　学級にとっては，教師があまりにも厳しいので，自由な空気がなくなってしまいます。
　子どもにとっても，教師にとっても，学級にとっても，「よいことなし」になってしまいます。
　やんちゃはやんちゃぶりを発揮することが個性なのですから，**その個性を認めて，その個性がよい方向で発揮できるように生かす**ことが重要です。
　例えば，クラス遊びのリーダー役にするとか，運動会の応援団長にするといった具合です。
　すると，教師はその子をほめることができ，その子のよさを伸ばすことができます。
　子どもにとってはまた1つ成功体験を味わい，もっと前向きな方向でやんちゃぶりを発揮するようになります。
　学級にとっては，先生が個性を認めてくれるので，自由な空気がつくられます。
　このように，ほめることで，「すべてよし」にできるのです。
　繰り返しになりますが，叱ることもほめることも両方大切です。だめなことはだめと叱る先生にほめられるからこそ，子どもは嬉しく思う面もあります。
　それに，悪いことをしたときに叱られることで，精神的に安定する子います。叱られることで，その子は秩序を学ぶからです。
　ただし，叱るときには，大切な大切な子どもを預かっているのだという自覚のもとに叱るべきです。

参考文献：小泉吉永『「江戸の子育て」読本―世界が驚いた！「読み・書き・そろばん」と「しつけ」』（小学館，2007年）

2 先頭集団を伸ばし，授業のレベルを下げない

できる子もできない子も「学び」を実感できる授業にするコツ！

➡授業を誰に合わせるか

　若手教師からよく聞かれる質問です。
　「学習の理解が早い子と遅い子がいます。どちらに合わせて授業を進めたらよいでしょうか？」
　学級には，発達段階の異なる子が集められています。
　抽象的思考ができる子もいれば，まだ苦手な子もいます。
　多面的な側面から「客観的な考察」ができる子もいれば，1つの側面からしか判断できない子もいます。
　また，一人ひとりの個性も能力も異なります。
　計算が得意な子もいるでしょうし，文章を読むのが得意な子もいます。
　前向きに何でもやる子もいれば，慎重に少しずつやる子もいるでしょう。
　さらに，学習の習熟程度も異なります。つまり，これまでの学習内容を理解している子と，理解できていない子がいるのです。
　これらの子どもたちが30人も40人も集まっているのが学級です。
　そして，授業の多くは，一斉教授で進んでいきます。
　子どもを伸ばすには，どの子に合わせて授業のスピードを調節すればよいのでしょうか。
　ここで大切にしたいポイントは，全員に「伸びた」と実感させる授業

にすることです。

できる子もできない子も，授業でしっかり学んで勉強になったと感じさせることが求められます。

→授業のスピードをどうするか

まずスピードをどうするかです。

これは一見，理解の遅い子に授業のスピードを合わせるのが望ましいように思えるかもしれません。

確かに，できない子に授業のスピードを合わせると，全員がついてこられます。授業の内容も簡単な内容にすれば，きっと全員が学習内容を理解できたと思うことでしょう。

しかし，ここには落とし穴があります。

「ゆっくり」と「簡単な」内容を教えていく授業は，ぬるま湯に浸かっているような状態です。やがて，できる子もできない子も，この「ゆっくり・簡単」に慣れていきます。すると，それがスタンダードになってしまいます。できない子は，ゆっくり簡単な内容でないと抵抗を示すようになり，できる子も，力を発揮しなくてもよいと考え始めます。その結果，両者とも，力が下がってしまうのです。

ですから，**できる子にスピードを合わせて授業を進めればよい**のです。

ただし，できない子がまったくついてこられないスピードではいけません。

できない子が8割程度できている状態で，次の活動に進むイメージです。これは現場の経験則です。

というのも，できない子が8割できている状態で，次の活動に進んだとしても，遅れた子はついてこられるからです。

これぐらいの速いスピードで授業を展開していると，最初はついてこられなかった子も，だんだんとついてこられるようになります。スピードに慣れてくるからです。つまり，力がアップしていくのです。

できる子も，速いペースで授業が進んでいくので，力を伸ばすことができます。

もし，どうしてもついてこられない子がいたら，個別指導をします。まず全体に指示を与え，全体が活動を始めたところで，さりげなく，個別に見ていきます。これで十分，全員が授業についてこられるのです。

➔課題のレベルをどうするか

先ほど，授業のスピードをどうすればよいのかを述べました。
次は中身のことを考えていきます。
「課題のレベルをどうすればよいのか？」という問いです。
一斉教授では，多くの場合，1つの課題で授業は進みます。
子どもたちの個性や能力を考えず，いつも同じ課題でよいのかという問題があります。
やはり，できる子には高いレベルの課題を与えることもしていかなくてはなりません。
例えば，理科の実験で，「物を燃やすと，後に何の気体ができるか？」を調べているとします。
早い班は，さっさと実験を済ませて，記録まで完了させています。
しかし遅い班は，実験をゆっくりじっくり進めています。
これはどちらがよいというものでもありません。
実験をゆっくり進めないと，実感として理解できない子もいれば，さっと実験をしただけでわかる子もいるのです。
しかし，ここでの問題は，ゆっくりの班に合わせて授業を進めると，速い班が何もすることがなくなる点です。
待たせることは，一番いけません。空白の時間ができてしまっており，遊びの時間に変わってしまいます。これでは子どもは伸ばせません。
そうではなくて，速くできた班には，例えば，ろうそくだけでなく，「他にも，木や布，紙を燃やしてごらん」と，別課題を与えます。すると，

速い班は，3つも4つも実験をやることができます。

　できる子もできない子も，自分の力に合った課題を体験できます。どちらのタイプの子も伸びるわけです。

　もう1つ，**できる子とできない子の学習進度に差がある場合は，「説明活動」を取り入れる**のもよいでしょう。

　算数では，できる子はさっさと問題を解くことがあります。

　予習をしていたり，すぐにやり方がひらめいたりするためです。

　そんなとき，先着5人ぐらいまでに，黒板にやり方を書かせるようにします。

　そして，黒板に書いたやり方を発表させます。

　聞いている子どもたちは，できる子のやり方を聞くことで，問題の解き方を理解できるだけでなく，このように説明すればよいのかというモデルを学ぶことができます。

　できる子にとっては，説明してみて，改めて解き方を理解できることもあります。また，上手に説明する方法も学ぶことができます。

　このような手立てを打つことで，できる子もできない子も伸ばすことができるというわけです。

　決して遅い子，できない子に合わせて，「ゆっくり」と，「簡単な」内容を教えるというスタンスに陥ってはいけません。1か月もすると，できる子の力も落ちてきます。

　そうではなくて，**先頭をひた走っている子に合わせて進め，ついてこられない子を陰ながらフォローするイメージで授業を進める**べきなのです。

　先頭集団が伸びてくると，それに比例して，他の子も伸びてくることでしょう。

第4章　子どもを伸ばす環境をつくる

3 全体指導の後の個別指導を充実させる

つきっきりの個別指導で，他の子を待たせるのはNG！

⇒個別指導を行う前にすべきこと

　授業では個別指導が必要な場合もあります。

　授業内容のレベルを下げず，スピードも下げずに進めると，どうしても遅れてしまう子がいます。

　その子には，個別指導をする必要があります。

　ただし，個別指導で気をつけることがいくつかあります。

　まずは，そもそも個別指導を必要としないような手立てを打つことが肝心だということです。

　個別指導をせずとも，全員が授業についてこられるように授業を工夫すべきなのです。

　例えば，全員が授業についてこられるよう，スピード調整のために，早々とできた子に，答えを板書させるのもよいでしょう。

　または，早く課題を終えた子に，発展学習など，別課題を与えることもあるでしょう。

　そういった時間調節を使えば，授業のスピードを下げずに，全員が授業に参加している状態をつくり出すことができます。

　このように一斉教授の中で，適宜，学習内容の与え方を工夫し，スピード調節をして，全員が，自分の力を最大限引き出せるよう進めていくことができれば，それがベストです。

ただし，一斉教授の中で，全員がついてこられるようにさまざまな手立てを打っていたとしても，それでも遅れる子がいるはずです。
　その子にこそ，個別指導をしていくべきなのです。
　一番やってはいけないのは，個別指導をしている間に，他の子が何もすることなく待っている状態をつくることです。
　個別指導の間に，他の子はやることがなくてボーっとしていたり，遊んでいたりしているのでは，個別指導はむしろ弊害の方が大きくなります。個別指導を受けている子だけが勉強になっていて，他の子は退屈な時間を過ごしてしまうからです。
　そうではなく，全体に課題を与え，作業をさせている状態の中で，遅れている子のフォローをしていかなくてはなりません。

⇒さりげなく，短時間でフォローする

　子どもの中には，先生に質問をしながら，課題を進めたいと思っている子がいます。先生が近くにいると，安心感を感じて，作業に集中できるのです。
　また，教師がほんの少し助言すると，課題をスピードよくこなしていける子もいます。反対に，助言をしないと，いつまでも作業に取りかかることができません。
　このような個別指導が必要な子には，さりげなく，フォローをしてあげましょう。
　この「さりげなく」が大切です。
　一部の子の近くばかりにいるのではなく，全員に個別指導をするつもりで，進度を確認します。
　その中で，目立たないよう，個別指導をしていきます。
　ちなみに，個別指導と言っても，1分も2分もその子につきっきりということはありません。
　算数ならば，赤鉛筆でさっと式やヒントを書いて，それを参考にさせ

るといった具合です。「ものの数秒」で個別指導は終わりです。

　特別支援を要する子の中には，先生が近くにいるだけで安心して課題に集中できるという子もいます。その場合は，その子の近くにいるだけで別段何もしません。その子の近くに時々寄っていくだけです。しかも，その子の近くにいながら，目線は他の子に向けるのです。これだと，他の子も先生が見てくれていると思えるし，特別支援を要する子も安心感を得るというわけです。

⮕全体への指示の後に個別指導する

　個別指導のやり方のわかりやすい例として，体育を例に挙げます。
　例えば水泳指導をしているとしましょう。
　教師は，水泳が苦手な子に個別指導をしたいと思っています。
　ですが，学年に100人以上の子どもたちがいて，3人しか担任がいない場合は，なかなか個別指導はできません。
　では，どうすればよいのでしょうか。
　これも原則は同じです。つまり，**全体に指示を与えて，活動をさせた後に，個別指導の時間をとればよい**のです。
　水泳ができる子には，できる子用の上級者メニューを与えます。
　やっと25mを泳げる子には，フォーム改善の中級者メニューを与えます。
　そして，25mを泳げない子には，初心者メニューを与えます。
　メニューは子どもが読んで，理解でき，活動できるものでなければなりません。
　私の場合，メニューを水に濡れても大丈夫なように作り，子どもが自分でメニューを見て練習できるようにしていました。
　子どもはメニューに沿って練習していますから，教師の手が空きます。
　安全管理のための監視役の教師を1人充てていたとしても，他の教師は個別指導に回ることができます。

そして，水泳が苦手な子を中心に，個別指導を行うことができるというわけです。
　水泳の苦手な子は，手取り足取り教えないと，なかなかできるようになりません。水が怖い子も，先生が近くにいると安心なので，泳力を伸ばすことができるのです。
　このように，全体にやるべきことを示し，子どもたちが活動状態になってから，個別に指導をしていくべきです。
　そして，**できる子も，できない子も，「精一杯自分の力を出し切って課題に取り組んだ」と思えるようにしていく**のです。
　そうすれば，できる子もできない子も伸びていく授業が可能になります。
　いかに，個別指導をしやすい状況をつくれるかどうかが，教師の腕の見せ所です（水泳の練習のさせ方やメニューは，拙著『どの子も必ず体育が好きになる指導の秘訣』（学事出版，2011年）に詳しく書いています）。

4 「全員本気」が子どもを変える

本気さを馬鹿にさせず，全力で取り組む雰囲気をつくろう！

➔ 子どもは周りの雰囲気に流される

　子どもの力を伸ばすには，学級の雰囲気づくりが重要です。

　子どもが夢を語るとき，周りの子が，「できっこないよ」とか，「そんなの君には無理だよ」などと言ってしまう…。そんな環境では，子どもは安心して夢を追うことはできません。

　荒れた学級では，一生懸命頑張っている人を，のけものにするような傾向が見られます。

　荒れていなくても，思春期になってくるにつれて，本気さを馬鹿にしたり，茶化したりといった空気がつくられることがあります。

　「周りの言葉を気にしなくてよい」と子どもに伝えたとしても，周りの雰囲気の影響は大きいものです。「本気で何かに取り組むこと」を軽んじる空気ができあがると，子どもたちもその空気になじんでしまい，流されてしまうのです。

　しかし，反対のことも言えます。つまり，「夢や目標に向かって一生懸命取り組むのは価値がある」という雰囲気をつくってしまえば，子どももその雰囲気に馴染んできます。

　一番よくないのは，教師が，子どもの目標や夢を否定することです。子どもが夢を語っても，それを笑い飛ばす教師もいます。「君はもっと小さな目標をもった方がよい」などと言ってしまうのです。

こんな雰囲気では，よほど意思の強い子しか，努力をしなくなります。頑張る子が，不登校になることも考えられます。
　本気で取り組む雰囲気を，学級につくることが大切なのです。

◆本気の大切さを語り，教師が手本を見せる

　荒れた学級を受けもったときのことです。
　学級には，本気で取り組むことを馬鹿にする空気がありました。
　それも，前年度までの数年間，そういった荒れた空気の中で，子どもたちは過ごしてきたのです。
　本気で取り組む子をからかう空気は強固にできあがっていましたし，それを変えることは非常に困難と思えました。
　例えば，朝の会で，声を出して歌う子がほとんどいないのです。しかも，声を出して歌う子を馬鹿にする始末です。
　「あいつは，真面目に歌っている。馬鹿じゃないの？」といった感じなのです。
　そのため，どの子も周りを気にして，大きな声で歌わないようにしているのです。
　私は，それでも声を出して歌おうとしている子をほめました。
　ところが，ほめられた子は嫌そうにしています。
　それもそのはずです。一生懸命頑張っている子を馬鹿にする雰囲気ですから，教師にほめられることは，みんなから馬鹿にされる出来事なのです。
　4月のできるだけ早い段階で，そういった空気を一新する必要がありました。
　そこで，4月の最初から，「本気の大切さ」を何度も語りました。
　もちろん，私が率先垂範で，手本を示しながらです。
　歌を歌うときには，教師も全力で歌う。
　挨拶も，教師がきちんと声を出す。

「ノートを丁寧に書きなさい」と言ったのなら，教師も，日記への返事を丁寧に書く。

整理整頓が大切とか，掃除が大切だと言ったのなら，それを教師も本気でやる。

こうして，語りと行動で，本気の大切さを示していきました。

そして，本気を馬鹿にする態度には，厳しく指摘しました。

「本気を馬鹿にしているようでは，自分の力を伸ばせません」「自分の力を伸ばすには，本気でやってみることが大切です」そんな激励をしました。

こうして，私の前では本気で取り組む子を馬鹿にするような言動は見られなくなりました。

➔他律の状態から体験的理解へ

しかし，まだ空気はそう簡単には変わりません。

4月の1か月間は，専科の授業にも参加して，子どもの様子を見るようにしました。

「私の前では，本気さを馬鹿にする言動は見られないけれど，まだそこまで変わってはいない」と思ったからです。

案の定，専科の音楽の授業で，事件は起こりました。

上手に歌っていたある女の子が，音楽教師にほめられたのです。

そして，前で歌ってみるように言われました。

女の子は，本気を出してきれいな声で歌いました。

そのとき，くすくすと笑い声が起きたのです。

ほんのちょっとの出来事です。注意していなければ，わからないレベルで男の子が目を見合わせて笑ったのです。あいつ本気でやってるな，といった感じで…。

私はそれを厳しく指摘しました。「A君，B君。それは，いったい何の笑いなのですか。まさか，本気でやっている人に向けた笑いではないで

すよね？」

　怒鳴るなどはしませんが，低い声で真面目な顔で，「本気でやっている子を馬鹿にすることは許さない」という話をしたのです。一瞬にして，音楽室の空気は凍りつきました。

　子どもたちにとっては，「こんなことも許されないの？」といったレベルの出来事です。

　子どもたちは，この出来事があってから，ようやく，ちょっとしたことでも，本気を馬鹿にするのは止めるようになりました。

　もちろん，これは人に言われて，やむなく馬鹿にするのを止めた状態です。

　しかし，まずはこの**「他律」の状態でもよいから，本気さを馬鹿にする状態をなくす**必要があります。

　ここからは，本気で取り組んだ後の成功体験を積めるようにしていきました。子どもたちは，「一生懸命取り組むと，確かにできないことができるようになる」と，体験を通してわかってきました。本気で何かをやってみた後，すがすがしい気持ちになることも，体験できました。

　5月頃からだんだんと本気さが見え始め，やがて1年後には，驚くべき変化を遂げていました。本気をあれだけ馬鹿にしていたやんちゃな子どもたちが，次々と自分の目標に向かってチャレンジをしていったのです。大きな舞台で活躍して賞状をもらったときの，やんちゃな男の子のうれしそうな顔が印象的でした。

　体験的に，「本気で取り組むことの価値」を見出した子どもたちは，別の学級になっても，卒業まで，その本気さを維持して頑張りました。そして荒れ放題だった子が，中学に進学しても，頑張っていると報告にきてくれました。本気の価値を理解し，体験できれば，子どもは根本から変わります。

第4章　子どもを伸ばす環境をつくる

⑤ 失敗よりも挽回したかを評価しよう

何事も前向きにチャレンジする子どもに育てるために！

➡挑戦しない子どもが増える理由

「子どもが立候補しないんですよ」
「子どもが新しいことに挑戦する気持ちが足りないんですよ」
若手教師からこのような愚痴を聞くことがあります。
どうして子どもたちは，自分から進んで挑戦しようとしないのでしょうか。
ひょっとすると，子どもの失敗に対して，マイナスの評価を与えたのが原因かもしれません。
子どもたちは，友達や教師の言動を，注意深く見ています。
もし，ある子が何かに挑戦してうまくいかなかったとしましょう。
そのようなとき，教師が叱るのか，ほめるのか，それとも愚痴を言うのか，周りの子はよく見ています。
失敗に寛大で，少々の失敗を問題としない教師の元では，子どもたちは，「失敗してもいいや」と楽観的に考えることができます。
反対に，失敗に厳しく，少し不備があっただけで，叱責していれば，そのやりとりを見た子どもたちは，失敗を恐れるようになります。
すべては，教師次第なのです。

⮕挑戦する気を引き起こすために

　ここで大切なのは，失敗は大人でもするということです。
　大人ですら，何か新しいことに挑戦すると，失敗の連続を経たうえで，成功までもっていく場合が多いのです。
　まして，子どもです。未知の活動に挑戦するときには，失敗はつきものと言わざるを得ません。何かに挑戦している子ほど，たくさんの失敗をしています。
　そのため，失敗したかどうかで評価するのではなく，挑戦したかどうかで評価するべきです。
　挑戦しただけで，肯定的な評価をします。
　失敗をしたとしても，「これはよかったね。ありがとう」と，進歩を認め，感謝をして，勇気づけるべきです。
　さらに，次のような話をしても，よいでしょう。
　「どんな発明も発見も，多くの失敗があったからこそ，生まれました。エジソンの電球もそうですし，ライト兄弟の飛行機だってそうです。自動車だって最初は失敗の連続でした。挑戦して失敗したことは，その失敗がきっと自分の力になります」
　このように**「挑戦しての失敗」**には，**「失敗」**に価値があることを認めていくのです。
　すると，もはや子どもは，少々の失敗では動じないようになります。
　失敗しても，「次に頑張ればいいや」とか，「何とかなるさ」といった楽観的な気持ちになることができます。
　このような楽観的な気持ちが浸透した学級では，子どもたちは次々と自分から新しいことを始めるようになります。
　難しそうな役割だって，果敢に立候補するようになります。
　挑戦すること自体，みんなのためにもなり，自分の力にもなるといったことが理解されているからです。そして，もし失敗しても，別にそれ

はそれでよいと考えるようになっているからです。

➡ 失敗した後の行動の大切さ

「失敗に動じない」「挑戦することに価値がある」雰囲気をつくったら，次にさらに上を目指してほしいと思います。

それは，**失敗のまま終わらすのではなく，挽回することに価値がある**という話をすることです。

例えば，国語の授業で短い詩を，ノートに視写させるとしましょう。
「詩をノートに写します。できるだけ丁寧に写します」と指示します。
そして，教師も詩を板書していきます。
このとき，どれぐらいの丁寧さで写すのかを示す必要があります。
そこで，最初に，詩の題名だけを書かせ，持ってこさせます。
題名の位置がずれていたら，「やり直し」を命じます。
字が四角マスにかかるぐらい大きく書けていなければ，やり直しです。
薄い字でも，まっすぐでない字も，やり直しです。
もちろん，題名が間違っていてもやり直しです。
厳しくチェックすることで，学級の９割の子がやり直しになります。
題名だけのやり直しですから，子どもたちもそれほど大変ではありません。
ただ，子どもたちの中には，やり直しを極端に嫌がる子がいます。
特別支援を要する子の中には，「やり直し」と言われただけで，怒ったりパニックになったりする子もいます。
そこで，次のようにします。
まず，早々とやり直しを命じられて席に戻った子に注目します。
そして，その子が消しゴムで題名を消して，題名をもう一度丁寧に書こうとした瞬間，その子をほめるのです。

「〇君は，やり直しって言われて，素直にすぐにやり直しています。一度失敗しても，すぐに頑張ること。こういう人はすばらしいです。絶対

に伸びていきます。先生は，失敗しても，すぐにもう一度頑張ることを一番すばらしいと思っています」

このように断定的にほめます。

すると，それを聞いていたその子も，やり直しを命じられた後，頑張ります。

いつもは怒ってしまう子も，素直にやり直しをし始めるのです。それをまたほめます。

「二度目にはきれいに書けている。失敗しても，次に頑張ったら，失敗は帳消しになるよね！　立派です」
などと，力強くほめて励まします。

このような「挽回の姿勢」を高く評価していると，いつでもこの姿勢は現れてきます。

友達と喧嘩をしたのなら，次は，喧嘩をしないように挽回する。

テストの復習をさぼって点数が落ちたのなら，次はきちんと復習する。

こういった挽回の姿勢は，学校生活のどんな場面にも生かされるようになります。

教師もますます失敗に寛大になることができます。

何せ，子どもが失敗しても，次に挽回する習慣が生まれているのですから。

「教師が失敗に寛大になり，子どもたちはさらに失敗を恐れず挑戦するようになる」。

このような前向きなサイクルができあがったら，1年後には，学級のほとんど全員が難しい役割でも立候補するようになります。

6 一人ひとりの子どもとつながろう

どんなによい指導でも，子どもの心に響かなければ意味がない！

◆教え子との絆を深める

　教師と子どもとの関係が，強い絆で結ばれていると，教育効果は何倍にもなります。

　以前，こんなことがありました。

　ある学級を受けもったときのことです。その学級の中に，たまたま，私に担任になってほしいと思っている子がいました。

　それまでの学校生活の中で，休み時間によく一緒に運動をしていた子です。遊びの中で，私に好意を抱いたのでしょう。

　その子は，4月最初から3月の終わりまで，1年間，前向きに頑張りました。

　その頑張りは，他の子と比べても，頭一つ抜きんでていました。

　私の話に，どの子よりも真剣に耳を傾け，その言葉に応えようとするのです。明らかに自分の意思で，頑張ろうとしていました。

　しかも，その子は，前の年までは荒れていた子でした。小学校に入学してから，幾度となく問題行動を繰り返していた子だったのです。

　このとき，強く強く思いました。**「教師と子どもとの絆が強く結ばれていると，子どもは本当に，1年間で伸びていく」**と。

　教え子と教師とのつながりが強くなることで，教育効果は高くなるのです。

→子どもから信頼と尊敬を勝ち取る

　教師と子どもの関係は，友達関係ではありません。
「上司と部下」という関係とも，ちょっと違います。
「師匠と弟子」といった関係が半分，「後ろからそっと背中を押すコーチと導かれる人」の関係が半分，といったところです。
「師弟関係」は，師匠が弟子に教える関係です。そういった「教える」関係が半分あります。
「コーチング」では，相手の思いや願いを引き出し，相手が自分の意思で歩めるように導いていきます。そういった「育てる」関係が半分あります。
　ここで強く言いたいのは，師弟関係を築くにしても，コーチング的な関係を築くにしても，**「信頼と尊敬」の２つを，子どもが教師に抱いてくれるかどうかで，教育効果が異なってくる**ということです。
　信頼は，教師の熱意や誠意はもちろんのこと，「力を伸ばしてくれる」という事実が伝われば，子どもから勝ち取ることができます。
　尊敬を勝ち取るのは，少しだけ困難です。
　子どもが「教師ってすごいなぁ」と思えるような出来事がなければなりません。
　例えば，子どもにはできないことが教師にはできるとか，教師が子どもの期待をよい意味で裏切って，すばらしい力をもっているとかです。
　教師が大きな器をもっていることも，尊敬の要因になるでしょう。
　そういうことが重なって，初めて子どもは，教師を尊敬してくれます。
　将棋ができるとか，バスケットボールがうまいとか，そういう自分の得意なところで，子どもに「先生はすごい」と思わせることができるかどうかが鍵です。
　得意なことでなくても，「先生は鉄棒が苦手だから，休み時間に練習する！」と言って，練習を続ける姿を見せることもできます。

何度も鉄棒の練習をして，1か月後にできるようになった姿を見せれば，子どもは，「先生はあきらめずに努力をしていてすごい！」と思うことでしょう。
　こういった信頼と尊敬を勝ち取ることで，子どもとの絆は強化されていきます。

➔子どもに合わせてコミュニケーションを図る

　子どもたちから「信頼」と「尊敬」を勝ち取ったら，今度は，一人ひとりの子どもとの絆を深めることが大切になります。
　教室に集まった子どもたちは，担任を希望して集まったわけではありません。最初は，単なる「烏合の衆」といった様相のこともあるでしょう。
　最初は，「教師対集団」で，物事は動いていきます。
　ここでは，教師がいかに集団に対して統率力を発揮するのかが問題となります。
　「指示を明確にする」とか，「ゴールを示してから子どもに判断させる」など，統率のための技術が必要になります。
　「教師対集団」の統率関係ができてきたら，今度は，「子ども同士の関係」を強化していく段階に入ります。
　このとき，「子ども同士の関係」も強化しますが，同時に「教師対個人」の関係も強化していくのです。
　例えば，毎日，一人ひとりに声をかけるようにするのも，絆を深めるには大切なことです。
　1日を振り返ってみて，一度も声をかけていない子はいないでしょうか。
　もしも，声をかける時間がなければ，日記でもよいし，連絡帳でもかまいません。
　朝の挨拶でもよいし，授業中に会話をしてもよいでしょう。

授業中に,「いつもノートを丁寧に書けているね」と一言励ますのも効果的です。
　一人ひとりとつながっていく努力を教師がするのです。
　一人ひとりと教師が絆をつくっていくときに注意すべきことがあります。
　子どもによって,「教師とどういう関係をつくりたいか」「どの程度の距離感で教師と付き合っていきたいか」は違うということです。
　毎日教師と話したい子もいますし,日記の返事だけで満足という子もいます。
　子ども本人が,教師とどういう関係を築くのが一番よいと思っているのかをつかみ,子どもに合わせてコミュニケーションをとっていくとよいでしょう。
　私の場合,日記指導は,個々の子どもと絆をつないでいく,大切な日課の1つでした。思春期の子は,普段はぶっきらぼうな態度なのに,日記だと素直になるといったことがあります。そんなとき,日記でのコミュニケーションが大切なツールになるのです。毎日毎日,返事を書くよう努力していました。
　教師と子どもとの心がつながっていないと,教師の指導が響かないことにもなります。
　どんなよい指導でも,子どもに響かなければ意味がありません。
　教師とつながっている子ども集団なら,実に教育はやりやすいし,教育効果も高くなるのです。

7 「答えのない問い」で子どもに判断させよう

自分なりに考え，主体的に学ぶ姿勢を育てるために！

➡ 複雑で答えが1つではない問い

　授業内容には，「答えが必ずしも1つではないもの」があります。
　例えば，6年生に環境問題を教えるとしましょう。
　このとき，環境問題の解決方法を子どもに調べさせ，考えさせる活動をします。
　子どもたちは，それぞれの興味のある環境問題を調べていきます。
　そして，自分なりに，環境問題への解決方法を考え，発表します。
　「もっと自然を大切にすべき」「環境に優しい物づくりが大切」などの考えが出ます。
　中には，「人間がエネルギーを使わなければよい」「車に乗るのを制限する」といった大胆な意見も出ます。
　意見が分かれたら，どの方法がよいかを話し合わせます。
　ただし，討論をさせますが，答えを1つに絞ることはしません。
　なぜなら，答えは一つとは限らないからです。今は突拍子もないと思える意見だとしても，そのアイデアが未来で実現するといったこともあるでしょう。
　討論をすることによって，意見の交流が生まれ，知識が深まればよいのです。
　もちろん，大人になって，どの方法を選択するかは，自分で決めなく

てはいけません。

　重要なのは，教師の考えを押しつけるのではないという点です。

　教師の考えを押しつけるのは簡単ですが，それでは，子どもが自分で考える姿勢が育たなくなってしまいます。

　討論をすると，自主的に調べ学習をしてくる子がいます。

　それは，討論で，どうにも相手の意見に納得できないので，自分の意見を強化しようと，資料を集めてくるわけです。

　「答えのない問い」を授業で扱うことで，調べ続ける姿勢，考え続ける姿勢を，子どもに育てていくのです。

⇨学習者が主体になれる授業環境づくり

　授業で気をつけたいのは，「学習者が受け身になること」です。

　毎回，教師が答えを示していると，子どもが受け身になってしまいます。

　「どうせ先生が，答えを教えてくれるんでしょ」

　「先生の答えを待っておこう」

　こうなってはまずいのです。

　もちろん，計算問題など，答えが決まっているものはあります。その場合は，教師が答えを示すことも大切でしょう。

　それに，教師の意見として，「自分はこう考えている」と伝えることも，時には必要でしょう。

　肝心なのは，「答えのない問い」を扱う際に，答えは１つではないことに気づかせ，**答えを出すのはあくまで子ども自身だと理解させる**ことです。

　だからこそ，「先生はこう思います。ただ，別の研究者で，先生とは反対の意見の人もいます」といった具合に，さまざまな意見があることを伝えるべきなのです。

　そして最終的には，子どもたちが，答えを決めればよいのです。

学習者の主体性を引き出すためにも，時には「答えのない問い」を出し，答えを子どもに決めさせるよう導くことが大切です。

➡4月初期から取り入れたい授業のやり方

「答えのない問い」に対して，自分なりの答えを導く姿勢を養うのに，最適な方法があります。

それは，定期的に，簡単な「答えのない問い」を出し，討論をさせることです。

例えば，「オオカミのいる無人島で過ごすとして，1匹だけ動物を仲間にできるとする。何の動物を仲間にするか？」といったような問いを出します。

子どもによって，さまざまな動物が出されます。

喧々諤々の討論になるはずです。

または，「強い番犬を仲間にするか，それともニワトリを仲間にするか？」といったように，二者択一に限定してもよいでしょう。

討論は，活発に意見が飛び交う状態になれば成功です。

討論後に，どの答えでも，理由があれば正解だということを説明します。

「今日先生が出した問題に答えはありません。勉強では，いつも答えがあるとは限りません。自分なりの理由を考えて，自分なりに答えを出せたらよい学習があるのです。時々，こういった答えのない問いをします。そんなときは，みんなで討論をしましょうね」

これで，子どもたちに，答えは1つとは限らないことがあることに気づかせ，自分で答えを決めていいのだということを理解させることができます。

もし討論が盛り上がったならば，次に「討論をしようか」と言えば，「やった！」と喜びの声が出るようになります。

4人程度のグループで討論をさせるのも効果的です。30人の前では

意見の言えない子も，小集団なら活発に意見を言えることがあります。小集団で意見を言う練習をしてから，だんだんと規模を大きくしていけばよいのです。

　4月初期から，このような簡単な問いで，討論をさせると，自分なりの答えを考えようとする姿勢をもたせることができます。

　答えのない問いは，実は授業では結構たくさんあります。

　国語科の読解だって，答えが1つに決まるとは限りません。

　理科の実験方法だって，さまざまな方法があります。

　算数の場合，答え自体は1つに決まっていることが多いのですが，解法は複数あることもあります。もちろん効率よく解けるやり方が優れたやり方なのですが，その子にとって考えやすいやり方も認めます。

　意見が分かれたら，子ども自身に答えを決めさせることが大切です。

　そうすることで，子どもに「自分で情報を集め，自分で考え，最終的に自分が判断するのだ」という意識を育てることができます。

　その結果，子どもに主体性が生まれます。主体性が生まれることによって，学習効果もぐんと上がるというわけです。

　討論の際には，「賛成か反対か」の二者択一ではなく，「まったく別の角度から考えるとどうなるか？」「意見を融合させるとどうなるか？」など，多面的に考えさせることも大切です。

　幅広い考え方を認めるほど，自分なりに考える姿勢が育ちます。

　自分なりに考えて答えを出す姿勢が生まれてくるにつれ，受け身ではなく，主体的に学ぶ姿勢も育ってくるでしょう。

第5章

子どもの個性に合わせて適切に対応する

1 問題行動への対応法

原因を冷静に見極め，子どもの思いに耳を傾けよう！

➡原因を2つに分けて考える

　子どもの問題行動に対応する際は，次の２つに分けて考えると解決の近道になります。

　①その子本人の「資質」の問題
　②その子を取り巻く「環境」の問題

　教師は多くの場合，問題行動の原因を，その子本人の「資質」の問題と判断します。
　ところが，その子を取り巻く「環境」が悪いせいで，問題行動が噴出しているケースも少なくありません。
　以前，こんな例がありました。
　ある子はとても暴力的で，いつも周りの子と喧嘩をしていました。
　気に入らないことがあると，教室のドアを蹴破って，外に飛び出しました。
　歴代の担任教師の誰もが，その子の暴力をもて余していました。
　職員会議でも毎回問題とされ，どうしたら問題行動が減らせるかが話し合われました。さらに，緊急保護者会なども行われました。
　しかし，まったく改善しないまま，数年が過ぎました。

その子の資質を問題とし，その子を叱ったり，ほめたり，諭したりしても，問題行動はなくならなかったのです。
　それどころか，年を追うごとに，問題行動は増えていきました。
　そして，私が担任となりました。
　4月，さっそくその子が教室で暴れました。
　別室で2人きりになり，どうして暴れたのかを聞きました。
　口べたで理由が言えず，時間をかけても，暴れた理由がわかりません。
　そこで，一部始終を見ていた第三者から情報を集めました。
　すると，周りの子にからかわれたので，怒ったことがわかりました。
　口べたなその子は言い返せないので，暴力に訴えたというわけです。
　他の子から情報を集めると，いつもその子は言葉でからかわれていて，その結果暴力に訴えていることがわかりました。自分から積極的に暴力をふるっているのではなかったのです。
　つまり，その子の周りの環境が悪かったのです。
　事実，周りの子のからかいを止めさせると，その子の問題行動は激減しました。2学期には，問題行動と言える行動は，ゼロになりました。
　2年間の持ち上がりでしたが，暴力行為や教室の外へ飛び出すという行為は，まったくなくなりました。それどころか，授業でもイベントでも，学校外の行事でも活躍するようになったのです。
　ここからわかるのは，問題行動を起こすのは，個人の「資質」だけでなく，「環境」が原因となっていることもあるということです。
　教師なら，荒れた子がいるのであれば，荒れるような環境をつくっていなかったかを，振り返る必要があります。
　荒れた学級を受けもっても，たった3日で，学級を立て直せる教師がいます。これは，荒れの原因となっている環境を，その教師が上手に変えることができたのも，大きな要因の1つです。
　問題行動ばかりといった子が，担任が変わると問題行動がゼロになるのは，やはり担任の責任が重いということなのです。

⤷解決には「目的論」の考え方も取り入れる

　問題行動（と教師が判断しているもの）があったとき，理由をその子の資質に限定せずに，環境も原因の１つではないかと考えることが大切だと言いました。
　宿題を出さない子がいたとします。その子が宿題を出せなかったのは，家が宿題をできるような環境になく，物理的に無理だったからといったこともあるのです。
　もう１つ，問題行動への対応をする際に，教師がもっておくとよい考え方があります。
　それは，アドラー心理学の「目的論」という考え方です。
　目的論とは，「すべての行動には，目的がある」というものです。
　例えば，ある子が不登校になったとしましょう。
　不登校になったときに，普通は，「なぜ不登校になったのか」の原因を考えることから始めます。
　不登校になった原因は，１つではなく，「友達が意地悪をする」「家にいたい」など，多岐にわたることが多いものです。
　解決しようと思えば，その原因をすべて解決しなくてはなりません。しかしながら，それは非常に時間がかかり，困難と言えるでしょう。
　そこで，「目的論」の出番になります。
　目的論は，「学校に行きたくない」のは，本人が何らかの目的を果たすためだと考えます。
　そして，**本人の一番の目的を，別の方向でかなえるように**助言します。本人自身に，別のよい方向へ歩むことを選ばせるのです。
　先の不登校の例であれば，本人が「親にかまってほしい」という目的を達成するために，「家にいる」という手段に出ているのかもしれません。そうであるならば，「学校から帰った後に，しっかりと保護者と触れあう」「学校には来て，送り迎えは保護者にしてもらう」など，別の手段を

提案して，その子に選びとってもらうようにすればよいでしょう。
　つまり，その子の目的を，別のより望ましい手段で得られるよう導くことで，解決への近道となることがあります。
　ここで大切なのは，その子の思いに耳を傾けることです。
　何かの問題行動を起こした場合，必ず何らかの理由や目的があるものです。その子の思いや願いを傾聴する姿勢が重要になります。
　ただし，問題行動が噴出する子どもの中には，自信を失ってしまっているような子もいます。
　その場合は，その子の自己肯定感を上げることで，内面から変わっていくようにしないと，根本的解決ができない場合もあります。
　自己肯定感をどう上げるかは，次の項目で示します。

　参考文献：Rudolf Dreikurs（著），宮野 栄（訳）『アドラー心理学の基礎』（一光社，1996年）

2 成功体験を味わわせ 自己肯定感を高めよう

自分の価値に気づけば,問題行動は激減する!

➲子どもの何を理解することが出発点なのか

問題行動は,自己肯定感の低さから起きている場合がよくあります。
「自分はどうせできない」
「やっても無駄だから」
荒れた子は,このようなことをよく口にします。

本当はやればできるのに,過去の失敗体験や叱責,そして,周りから言われたネガティブな言葉を引きずって,「自分はだめなんだ」と思い込んでしまっているのです。

中には,死を口にする子すらいます。この状態が一番危険であり,自己肯定感が著しく下がっている状態です。

「自分は価値ある存在だ」と思えないと,やけになって無茶な行動に走ってしまいます。

一時的に問題行動を減らすだけならば,「教師の指導」や「環境を変える」といったことで対処できるでしょう。

しかし,問題行動を根本から解決しようと思えば,その子自身の自己肯定感を高める必要があります。

「その子が,自分自身をどう評価しているのか」。教師はそれを知る努力をしなくてはなりません。

そして,どの子にも,「自分には価値がある」と実感させ,自信をつけ

させるべきです。

荒れた子どもが内面から変わるのは，自己肯定感が高まって，自分に価値があることを理解できたときなのです。

⊃ポジティブな言葉かけを続ける

では，どうやって自己肯定感を高めるとよいのでしょうか。

まず，ネガティブな言葉をその子に向かって言わないようにします。

特に，その子を低く評価したような言葉は，御法度です。

教師自身の経験としてどうでしょうか。学校で教師からかけられた言葉で，ネガティブな言葉がなかったでしょうか。

教師以外でも，親からかけられた言葉，友達からかけられた言葉で，ネガティブな言葉はなかったでしょうか。

自己肯定感が低くなっている子の中には，周りの人からネガティブな言葉をかけられて，生活していることが少なくありません。

そこで，この状態を変える必要があります。つまり，その子のよさに焦点を当て，**その子の可能性を認めるような言葉かけ**をしなくてはなりません。

ポジティブな言葉とは，その子の自己肯定感を高める言葉です。

教師と話すと，子どもが明るい気持ちになる。そのようなイメージの言葉をかけていきます。

ポジティブな言葉かけで，よい方法があります。

1年間は担任するのですから，その子が1年後に，ものすごく成長したとして，どんな姿になっているかを想定します。

そして，その1年後の理想の姿を思い浮かべてその子に接するのです。

例えば，頑張っているのであれば「さすがですね。努力を惜しまない君なら，何でもできるよ」といった言葉かけになるでしょう。

もし努力をしないで失敗したとしても，「君なら次は大丈夫」といった言葉かけになります。

第5章 子どもの個性に合わせて適切に対応する

どちらにせよ，理想像を思い浮かべて話すと，その子自身の自己肯定感を下げる言葉にはなりません。
　むしろ，「君なら何とかなる」といった，その子自身を励ます言葉になるはずです。
　「その子の自己イメージを上げるように語りかける」。これがポイントとなります。
　これは，友達同士のコミュニケーションでも同じです。
　夢を語ると，友達が「できっこないよ」などと言ってしまうことがよくあります。
　こういったネガティブな言葉を使わないよう，教師がそういった雰囲気づくりを学級でしていくしかありません。
　保護者にも，ネガティブな言葉を使わず，きっとできるという前向きな言葉をかけてもらうように依頼します。
　このように，ポジティブな環境をつくることが第一です。ネガティブな言葉がある環境では，自己肯定感を上げることが難しくなるからです。

⮕やればできる実感を味わわせる

　次にすることは，成功の事実をつくることです。
　子どもは言葉だけでは変わりません。
　「事実として，成功した」という体験があれば，子どもは変わります。
　最初は簡単な成功体験でかまいません。
　教師が自分の得意な分野を生かして，子どもを伸ばしていけばよいのです。
　音楽が得意ならば，合唱や合奏指導に力を入れて，子どもを伸ばすことができるはずです。
　図画でも，たった数時間で，子どもが予想していなかったすばらしい絵に仕上げさせることもできます。
　ある年，市内の絵画コンクールで最優秀賞をとった子がいました。

この子は絵が苦手な子でした。しかし、描き方の技法を教え、構図を教え、手本を見せるといった具合に丁寧に教えることで、すばらしい絵に仕上がりました。

　「絵が苦手」というその子の意識は、最優秀賞という事実によって、ガラリと変わりました。「自分はやればできる」という自己イメージに変わったのです。

　この子はこの事実によって、学級通信でほめられ、校長からほめられ、学級でもほめられ、保護者からもほめられました。

　多くの場でほめられることで、自信をつけることができたのです。

　他にも、二重跳びが1回できたとか、マット運動で後転ができるようになったとか、比較的簡単なレベルの課題でもよいでしょう。

　ただし、子どもを伸ばすには、教師が指導技術を学ぶことが絶対の条件です。

　絵の指導も体育の指導も、指導技術があるからこそ、教師は子どもを伸ばすことができます。

　ポジティブな言葉かけと、成功の事実をつくりあげることで、きっと子どもの自己肯定感が高まるはずです。

　そうすれば、不思議と、友達との「協調」もできるようにもなります。自分に価値があることがわかるからこそ、友達の価値も認められるようになるのです。

　自己肯定感が上がると、問題行動は激減します。それどころか、前向きな挑戦が見られるようになるはずです。

3 やんちゃを伸ばす対応の仕方

見過ごせないことは叱ったうえで，よさを伸ばす！

→ 4月初期の対応が肝心

　やんちゃな子は，男の子にもいますし，女の子にもいます。

　若手教師で，「やんちゃな子に振り回されて大変だ」と感じている人は少なくありません。

　毎日のように，その子がトラブルを引き起こすからです。

　そのため，きつく指導して，トラブルを減らそうとする教師もいます。１時間以上も説教したり，威圧的に対応したりするのです。

　ただし，お灸を据えすぎると，やんちゃのよさが失われることにもなります。

　やんちゃな子は，実は，学級によいエネルギーを注いでくれる存在でもあります。

　物怖じせずに挑戦しますし，リーダーシップを発揮してくれることだってあります。

　よい面は，よい面として伸ばしていきたいものです。

　ではどう対応すればよいのでしょうか。

　まずは，**4月初期に，教師と子どもとの上下関係をはっきりさせる**必要があります。

　前提として，やんちゃな子は，「教師が自分より上なのか下なのか」をよく見ています。いったん「教師が尊敬するに値しない」と判断してし

まうと，教師に逆らうこともあります。

特に，少しのことをごまかせるかどうかを見ています。

最初はちょっとだけルール違反をして，教師を試してくるのです。

そして，教師の対応をよく見ています。

初対面の印象は，なかなか変わりません。

そのため，4月初期の対応が肝心になるのです。

「学校に持ってきてはいけないものを，間違って持ってきちゃった」

「宿題を少しだけ忘れてきちゃった」

「鉛筆って言われたけど，シャーペンを持ってきちゃった」

このような形で，ほんの少しだけルールを破ってきます。

先生が話しているときに，ちょっとだけ隣の子と私語をしているとか，先生に言われた指示から少しだけそれたことをするとかです。

さて，この最初のルール違反を認めたり，甘い対応を見せたりすると，次はもう少しルールを破ってきます。

そして，ルールを破るのがエスカレートしていき，最後はルール違反が当たり前になるのです。

ルール違反が当たり前になってから教師が叱っても，効果は半減します。元に戻すのは大変なのです。

一番初めのルール違反に対して，ピシャリと「だめです」と言えるかどうかが重要です。

「先生が話しているときは，おしゃべりしません」と真面目な顔でさらっと言えばよいだけです。

これを，全体の前で言うから，「ああ，この先生はごまかせないな」と思わせることができるのです。

宿題で，漢字2ページ書きなさいと指示したのなら，漢字1ページしかやっていない子を，きちんと見逃さずに注意します。

「宿題の漢字2ページを，きちんとやっている人は立派でした。2ページって念押ししましたよね。ところで，漢字1ページしかやっていない人がいました。その人は休み時間にやってもらいます」と真面目な顔で

言うのです。

　ごまかしや嘘を見逃してはいけません。「この先生はごまかせないな」と感じさせる必要があります。宿題を忘れるのが当たり前になってから指導しても遅いのです。最初が肝心です。

　4月最初の時点で，教師を試す行動には，ぴしゃりと「だめです」と言います。これを1週間も続けると，教師を試す行動は激減します。

　やんちゃが集まった学級でも，1か月も続ければ，「この先生はごまかせないな」と子どもたちは感じます。

➔叱り方の原則

　では，叱り方はどうすればよいでしょうか。

　やんちゃな行動を全部叱ると，その子のよさまで失われることがあります。

　そこで，4月に上下関係をはっきりさせたなら，その後は，叱るにしても軽重をつけていきます。

　教師から見て許せない行動は，きちんと叱ります。

　例えば，人に迷惑をかけることは許されないことです。この場合，その子の行動を止めさせ，叱り，何がだめなのかを教える必要があります。

　特に，いじめや命に関わることは，断固としてだめだと指導しなくてはなりません。

　しかしながら，廊下を少し走ったとか，掃除中にちょっと遊んでしまったとか，そういったレベルの問題は，叱るまではいかなくても，「廊下は走りません」「掃除は黙ってやりましょう」ぐらいの言葉かけでよいのです。軽く言葉をかけるだけでも，教師と子どもとの上下関係がはっきりしていますから，子どもは素直に言うことを聞くはずです。

　そして，少々のことは「お目こぼし」をしてあげればよいのです。

　例えば，やんちゃな子が授業中に集中できなくて，鉛筆をくるくる回して遊んでいるとします。その程度のことであれば，お目こぼしでかま

いません。
　ただし，放置するのとは違います。やんちゃな子を視界に入れておいて，例えば，教師が説明を終えた後，その子が発表をしようとした瞬間に，「先生の話をきちんと聞いて，発表をしようとする人はえらいね」と声かけをすればよいのです。
　ほめられることで，望ましい行動の方が，だんだんと優勢になってくるというわけです。

⮕やんちゃを生かす場面を用意する

　やんちゃな子の行動はどうしても目立ちます。叱られてばかりだと，やる気も失ってしまいます。
　お目こぼしをしたうえで，頑張ったところに注目しほめる方が，その子のよさも失わず，やる気も出てくるというものです。
　そして，やる気が出てきたところで，やんちゃのよさを生かす場面を用意します。
　やんちゃが活躍する場面はたくさんあります。司会に抜擢してもいいし，イベントを考えさせてもいいでしょう。
　その子のよさが生かせる場を用意するのです。
　そして，その子の個性を認め，励まし，感謝を伝えます。
　「〇君は，元気のいい司会をしてくれたから，お楽しみ会がとっても盛り上がりました。ありがとう」
　反対に，その子の個性を悪い形で発揮させると，学級はその子のために荒れていく一方となるでしょう。
　やんちゃな子を，よい方向へ導けるかどうかは，学級経営が成功するかどうかのきわめて大きな要因と言えるのです。

4 特別支援を要する子への対応

子どもの特性を理解したうえで，複数の手立てを用意しよう！

⮕ 障がいの特性に合った指導を行う

　特別支援を要する子への対応で，最も大切にしたいことは何でしょうか。

　それは，「子どもに合わせた指導を行うこと」です。

　ただ，「子どもに合わせた指導」ならば，特別支援教育に限らず，どの子にも行っているはずです。

　すべての教師は，子どもの実態を確認しながら，その子に合わせた指導を自然と行っているはずなのです。

　では，特別支援教育は，これまでの指導と変えなくてよいのでしょうか。

　実は，そうではありません。特別支援教育の「子どもに合わせた指導」というのは，もう少し特別な意味があります。

　詳しく言うならば，**「子どもの障がいの特性に合わせた指導を行うことが大切」**となるのです。

　つまり，障がいによって，対応の仕方ががらりと変わるということです。

　さらに言えば，障がいの特性に合わない対応をしてしまうと，子どもは二次障がいを引き起こすこともあります。

　例えば，自閉症スペクトラムの子で，「命令されるのが嫌い。自分主体

で決めたい」という特性をもっている子がいたとしましょう。

　普通は，子どもが何か不適切な行動をしていたら，教師が「〇〇しなさい」と正しい行動を指示するだけで終わりです。

　ところが，この子には，「〇〇しなさい」という指示が，とても嫌に感じるのです。命令に我慢ができないのです。

　だとするなら，例えば，次のように言わなくてはなりません，

　「〇君。このままだとまずいことになってしまいますよ(現状の説明)。どうしようか（一緒に考える姿勢を見せる）。よい方法として，Aの方法とBの方法がありますよ。どれにしようか（選択肢を示す）？」

　このように，子どもに決定させるよう導けばよいのです。

　かつて，「命令されると腹が立つ」といった子を担任しましたが，望ましい行動をいくつか用意し，それを本人に選ばせることで，不適応になる回数を激減させることができました。

　その子の障がいの特性を知り，その子の障がいの特性に合った指導をするからこそ，子どもの心は安定するのです。

　しかし，この反対をすると，荒れてしまって，パニックを引き起こす日々を1年間送ることになります。

　以前，教職経験30年の，実力あるベテラン教師が私にこうつぶやきました。

　「長い間教師をやっていたけれど，特別支援を要する子への対応の仕方は，まったくわからない。今までのやり方が通用しない」

　この言葉は，大変重いものがあります。

　反対に，若い先生なのに，特別支援を必要とする子をうまく導いている場合もあります。

　この違いは，発達障がいへの理解がまずあることと，発達障がいへの対応の仕方を知っていることが要因となっています。

　つまり，次の2つが必要になるのです。

　①発達障がいへの理解を深める

　②発達障がいの特性に合った対応の例をいくつも知っている

➡子どもの特性に授業や学級経営を合わせる

　ADHD（注意欠如・多動性障害）の子で，授業中に手悪さをしていたり，落ち着きなくそわそわと動いていたりすることがあります。
　そんなとき，手悪さをしているからといって，逐一注意をしていたらきりがありません。
　多動なのは，障がいの特性だからです。多動を何とかして，止めさせようと思っても，本人はやはり動いてしまうことでしょう。
　そうではなくて，他人に迷惑がかかっていないなら，お目こぼしで，見守っているだけでよいのです。
　そして，ノートを書き始めたときに，「ノートをしっかりと書けている人がいてすばらしいね」とその子を見ながら力強くほめれば，授業にだんだんと集中してきます。
　集中力さえ発揮できれば，頑張れるのです。
　もちろん，授業の途中で，また違うことが気になって，教室の外を見たり，鉛筆の芯をいじったりすることもあります。それも逐一注意していると，やる気がなくなってしまいます。
　興味がコロコロとさまざまな対象に移ったとしても，授業の活動に戻ったとき，「頑張っているね」とほめればよいのです。
　よい行動を強化していれば，やがて授業に集中できるようになってきます。ノートをとるのが当たり前，教師の発問に答えるのが当たり前といった習慣ができてくるのです。
　よい行動を強化する対応をしていれば，その子のやる気も引き出せるうえに，望ましい行動を習慣化できるのです。
　それに，どうしても多動で動き回るのであれば，動きのある活動を入れていけばよいでしょう。
　「自分の考えを書けた人から，ノートを持ってきなさい」と言えば，ノートを持って行くことで，動くことができます。

このとき，その子を見てみると，最短距離で自分の席に戻るのではなく，ぐるっと寄り道して，動き回って自分の席に着くはずです。動き回ることで，気分を発散させ，心を落ち着かせているというわけです。
　他にも，「立って発表」「周りの人と相談」「板書をさせる」「遠くの班と相談」など，さまざまな方法が授業に取り入れられます。
　子どもを「教師のやり方」に合わせるのではなく，教師の方が，子どもの特性に「授業や学級経営」を合わせていくイメージをもつとよいでしょう。
　もちろん，学級に何人もの特別支援を要する子がいたら，それぞれの子に合わせた授業をするのはきわめて困難になります。
　ですが，特別支援を要する子の多くに通用する手立てもあります。それらをできるだけ取り入れて，なおそれでもついてこられなければ，個別に指導をするとよいでしょう。
　特別支援教育に対応した授業の進め方で，さらに詳しく知りたい方は，拙著『プロ教師直伝！　授業成功のゴールデンルール』（明治図書出版，2013年）を参照してください。

5 一人ひとりに合わせた目標と手立てを設定しよう

学級の子ども全員を成長させるために!

➔ 指導の出発点

　特別支援教育では,一人ひとりの特性や課題に合わせて,目標や手立てを設定します。

　そして,1年間の指導計画を作成します。いわゆる「個別シート」と呼ばれるものです。

　1年後の目標像を設定し,どのように指導をしていくかの計画を立てるわけです。

　1年後の目標像は,「現在の課題」をつかんだうえで,設定します。

　例えば,「席について学習できない」といった課題があるならば,1年後には,「授業に意欲をもって参加する」といった目標を設定します。

　目標が決まったら,次に,目標を細分化します。1週間後には,席に着いて学習できるようにし,2週間後にはノートを書けるようにする,といった具合です。

　細分化した目標ができたら,そのための手立てを教師が考え,手立てを実行していきます。

　このように,**課題に合わせて目標を設定し,手立てを実行していくのが,特別支援教育の基本**です。

　出発点となるのは,子どもの実態をつかむことです。

　もちろん,前年度の引き継ぎで,ある程度その子の様子はつかめると

思います。
　ですが，引き継ぎの情報は，どうしても前担任の主観が入ります。
　前担任にとって，評価が低かった子も，新担任にとっては，評価が高くなるといったこともよくあります。
　ですから，自分の目で，子どもの実態をつかまなくてはいけません。
　実態をつかむとは，具体的には，次のことを調べることを指します。

①何が得意で何が苦手なのか
②どの場面で不適応が起きるのか
③本人は，自分自身をどう評価しているのか

　発達障がいは，発達に凸凹があるだけでは，診断されません。
　生活の中で，何らかの不適応を起こしている場合に，発達障がいと診断されます。
　そこで，不適応を起こす場面はどんなときかを調べる必要があります。
　例えば，「勉強が嫌で，授業に参加するのを嫌がる」「希望通りにいかなかったときに，我慢ができずに暴れる」「コミュニケーションが独特で，友達とうまく付き合えない」といった具合です。
　課題とともに，本人が，自分自身のことをどう評価しているのかも調べるとよいでしょう。
　ある子は，「自分には価値がない」などとよく言っていました。
　自暴自棄の行動もよくしました。
　これは自己肯定感が非常に低くなっている証拠です。
　自己肯定感が低くなっているのであれば，高めなくてはなりません。
　他にも，「自分は，友達とはうまく付き合えない」「自分は話すのが下手」「走るのは苦手だから絶対に嫌だ」というように思っている子もいました。
　でも実は，それは過去に何らかの失敗体験や叱責体験があって，自信を失っているだけというのも，結構多いのです。

本当は，自分で思っているほど苦手でないことも多々あります。
　過去に縛られて，自分を過小評価している場合は，自分自身のレッテルをとってやらなくてはなりません。
　このように，まず，現状の実態を調べることが出発点となります。

➡目標設定と手立ての実行

　現状を把握したら，次に，目標を設定します。
　1年後に，指導がうまくいったと仮定して，どうなっていればよいのかを，具体的にイメージするのです。
　授業に参加できないのであれば，1年後には，授業に生き生きと参加している状態をイメージします。
　友達とうまく付き合えないのであれば，1年後には友達と仲良く過ごしている姿をイメージします。
　このように，現在はできていない面を，できるようになることをイメージするのです。
　目標のイメージができたら，次に手立てを考えます。
　授業に参加しないのであれば，どうすれば，不適応を起こさずに済むのかを，教師は考えなくてはなりません。
　「なぜ授業に参加しないのか？」「どんな授業なら参加するのか？」などその子の立場に立って，理由を考えつつ，手立てを打っていきます。
　このとき，手立てを1つだけ試して，すぐ止めてしまう人がいます。これは大きな間違いです。
　自分が一番よいと思った手立てを選んだのですから，粘り強くやってみるべきです。粘り強くやれば，効果が現れてくることもあるからです。
　もしもその手立てに効果がなくても，あきらめてはいけません。別の手立てを試していきます。
　複数の手立てを粘り強く行うことで，どれかが効果を上げるはずです。

→フィードバック

　手立てを打った後，最後に行うのは，フィードバックです。
　つまり，目標に近づいたのかどうかを振り返るのです。
　目標に近づいていれば，うまく指導ができたことを意味します。
　目標に近づいていなければ，手立てが悪かったのか，目標の設定がうまくいっていなかったのかを振り返る必要があります。
　時に，手立てが悪いのではなく，その手立てを実行できない教師の腕のなさが原因であることもあります。
　いずれにしても，子ども本人が悪いわけではありません。
　目標や手立ての設定ミスをしたのは，教師の責任です。
　目標や手立てが正しかったとしても，手立てを実行する腕がないのは，やはり教師の責任です。
　１年後に，子どもを伸ばせるかどうかは，教師にかかってくるのです。
　ただし，保護者や，医療関係機関，教職員集団の協力も欠かせません。指導の責任は担任にありますが，１人で指導をしようとするのではなく，協力を仰ぐことが大切です。チームワークを組んで指導していくわけです。
　フィードバックをして，目標や手立てを軌道修正しつつ，指導を続けます。そうすれば，子どもの不適応を減らすことができ，力を伸ばしていくことができることでしょう。
　ちなみに，発達障がいをもつ子に用意する「個別シート」は，よく考えると，学級の子どもたち全員に，使えるものでもあります。
　学級にいる30人全員に，このような個別シートをイメージして，指導をしていくと，30人がそれぞれの個性を発揮して，１年後には驚くべき成長を遂げていることでしょう。

教師の伝える能力を磨く

1 言葉をもっと吟味しよう

わかりやすい授業は，端的な言葉で伝えることから！

➔ 言葉を吟味する意味

　授業では，余計な言葉を極力なくしていきたいものです。
　なぜ，余計な言葉をなくした方がよいのでしょうか。
　それは，教師が余計な言葉を話せば話すほど，学習者にとって授業がわかりにくくなるからです。
　授業を録音し，授業の検討会をすることがあります。
　音声を聞いていると，教師が余計な言葉を話していることに気づくことが多々あります。
　話の前に，「えーっと」とか，「あのー，そのー」といった言葉が入るのです。
　また，「前にも言いましたが…」「知っている人もいると思いますが…」と，いちいち前置きが入ることもあります。
　ひどいときには，「そう言えば，この前あんなことがありました…」といった具合に，授業の本筋から外れた話をしていることもあります。言葉が多くなるだけで，話に集中できない子もいます。
　また，脱線したり，余計な話を入れたりすることで，授業の本筋についていけない子も出てきます。
　授業は，教師の発問や指示，説明によって進んでいきます。
　例えば，「農家の仕事」を授業で扱っているとしましょう。

「山の斜面では，どんな農作物が作られていますか。資料から探しなさい」（発問＋指示）

「山の斜面では，桃がたくさんつくられていますね」（説明）

「平地ではなく，山の斜面で桃を育てるとよいことがあります。どんなよいことがありますか。予想してノートに書きなさい」（発問＋指示）

このように，**短く，端的な言葉で，発問・指示・説明をしていき，授業を進める**わけです。端的な言葉だからこそ，子どもにわかりやすい授業になります。

ところが，もしも発問や指示，説明の中に，余計な言葉が入り，長くなれば，子どもにとってわかりにくくなってしまいます。

しかも，脱線などをすると，話の筋についていけない子が続出することになります。

「桃の花見に行ったけど，このあたりの地域はとても景色がいいんですね…」「○君は近所だから桃の花を見たことがあると思うんだけど…」などと，別の話や余計な前置きをはさむことで，前に覚えていた筋を忘れてしまうのです。

特に，発達障がいの子は，ワーキングメモリーの小さい子が多く，一度に多くを記憶できません。

また，脱線した話に，意識が集中する子もいます。

そのため，授業では，必要な内容に絞って，話すことが大切です。

言葉を吟味し，無駄な言葉を言わないようにするのです。

一度，「2つの授業を比べてみる実験」をしてみるとよいでしょう。

1つは，普段の授業を，録音します。

普段の授業，というのがポイントです。気負うことなく，いつもの授業を録音してみましょう。

もう1つは，発問と指示を吟味して，言葉を削り，必要最小限の内容だけ話して授業を進め，それを録音してみてください。

後日，その2つを比べて聞いてみます。

すると，愕然とするはずです。普段の授業は，余計な言葉が多くて，非

第6章 教師の伝える能力を磨く

常にわかりにくいことに気づけるのです。
　時に，教師自身でさえ，自分が何を言っているのかわからないことがあります。
　余計な言葉は極力削って，端的に話すようにすべきなのです。
　ただし，言葉を吟味して極力減らすといっても，授業によっては「教師の語り」が必要な場面もあります。
　教師がしっかりと自分の考えを語って，理解させる授業もあります。道徳などで多くみられます。
　そのような授業では，たっぷりと語ってもよいのです。
　「語り」が上手であれば，数分話したとしても，子どもたちは食い入るように聞いています。
　この「語りの技術」は，後の章で詳しく述べます。
　語りの必要がない場面では，教師の言葉は短く端的な方が，学習者にとってわかりやすいのです。

➲端的に話す力を鍛えるには

　教師は，人前で話す機会が多くあります。
　保護者会や職員会議で司会をしなくてはならないですし，何らかのイベントでも挨拶や司会を担当することもあります。
　そのようなとき，短く端的に話す練習をしてみるとよいでしょう。
　例えば，全校朝会で，今週のめあてを話すことになったとしましょう。
　このとき，30秒ぐらいで端的に話す練習をしてみます。
　最初は，話す内容を全部紙に書き出してみるとよいでしょう。
　書き出してみると，いらない言葉も見えてきます。
　余計な言葉はすべて削っていきます。
　たった1文字2文字でも，削っていきます。
　すると，わかりやすい話にすることができます。
　特に，校内放送で言葉だけで説明をする場合は，あらかじめ原稿を用

意することが必要になります。

　声だけで全校の子どもたちに説明するのは，難しいことです。

　声だけで相手に伝えるには，やはり言葉を吟味し，削っていかないと無理なのです。

　職員会議の司会や提案をすることになったときも，「余計な言葉は言わない」と固く決意して，話してみましょう。

　短く端的に言いたいことを伝える，よい練習になります。

　言葉を吟味したり，端的に伝えたりする力は，一朝一夕では身につきません。

　無駄な言葉を言わないと意識して，ずっと練習・実践をしてきた人だけに磨かれる能力です。

2 傾聴で子どもの考えや願いを引き出そう

子どもの積極性は，教師の「聴く」姿勢から生まれる！

→傾聴によって引き出されるもの

　コーチングでは，傾聴が大切にされます。
　相手の話に耳を傾け，肯定的に聞くことを重視するのです。
　そうすることで，相手の考えや願いを引き出すことができるからです。
　そして相手に，自分自身の考えや願いに気づかせ，自分の意思でやりたいことに向かわせるのです。
　この傾聴を，子どもとのコミュニケーションでぜひ取り入れたいものです。
　例えば，授業中に取り入れる場合を考えてみましょう。
　子どもが意見を発表したならば，真剣な表情で聞くようにします。
　うなずきながら，「なるほどね」といった顔をして聞きます。
　そして，意見を言い終わった後で，「いい考えだね」「そういった考え方もあるのか。先生は思いつかなかったなぁ」と，肯定的に受け容れます。
　そのやりとりの様子を見ていた子どもたちは，思います。
　「先生は，一生懸命自分たちの考えを聞いてくれるのだな」
　そう思ったら，普段は意見をあまり発表しない子も，手を挙げて発表するようになります。
　それもまた真剣に聞き，肯定的に受け容れます。

すると，多くの子が，自分の意見を言うことを恐れなくなってきます。

反対に，教師が馬鹿にしたように意見を聞いたり，適当に聞いたりしていたらどうでしょうか。せっかく子どもが意見を言ったのに，否定的な評価をしたらどうでしょうか。

そんなことが3回も続けば，子どもは発表を恐れるようになります。

大人だって，そんな人に自分の考えを開示しようとは思わないでしょう。

子どもも，「ああ，この教師は自分に都合のよい意見にしか耳を貸さないのだな」「子どもを馬鹿にしているのだな」と敏感に察知します。

すると，勉強に自信のある子以外，発表をまったくしなくなります。

高学年にもなると，教師の発問に対して，3，4人しか手が挙がらないような状態になります。

これでは，ダイナミックな授業をつくれるはずもありません。

⇨傾聴するための技術

授業以外の場面でも，傾聴は大切になります。

例えば，目標を子どもと一緒に考えたり，子どもの悩みを聞いたりするときです。このときにも傾聴を取り入れて，しっかりと子どもの考えや願いを引き出す必要があります。

話に耳を傾けてくれる相手がいれば，子どもは自分の考えや願いをしっかりと語れます。

悩みの相談であれば，語っていくうちに悩みが軽減されることもあります。

目標の相談であれば，語るうちに自分が本当は何を望んでいたのかに気づくこともあります。

反対に，**教師が話す量が多くなると，子どもの考えを引き出すことができなくなります。**

教師の意見ばかり話し，相手の意見はおかまいなし。そんなことでは，

子どもは教師相手に話をしようとは思わないでしょう。
　子どもが何か言ったのなら，それをしっかりと聞くようにします。
　そして，子どもが言った内容，話の筋に沿って，話を展開するのです。
　もしくは，子どもが言った言葉をオウム返しするだけでもよいのです。
　子どもの話の筋に合わせて話が展開していくからこそ，子どもは，自分の思いを語ってくれるのです。
　教師はどうしても，相手を「指導しよう」という責任感が強く，自分から話を展開し，自説を話してしまうことがあるものです。
　せめて，相手と同等の割合で，五分五分で話せばよいのですが，気がつくと，相手よりたくさん話してしまったといったこともあるでしょう。
　そこで，相手に**7～8割ぐらいしゃべらせてあげるつもりで，話を聞く**ようにします。
　「子どもの話を聞くのに徹しよう」と思っているぐらいでちょうどよいのです。
　自分が話すというよりは，あいずちを打つとか，「なるほどね」「おもしろいね」と認めるとか，相手の言ったことをオウム返しにするといったことに力を入れるとよいでしょう。
　自分が話すことに力を入れなくても，コミュニケーションはうまくいきます。むしろ，聞き役に徹した方がよい場合も多いのです。

↪ 子どものアイデアを取り入れる

　学級経営の工夫として，子どもの意見を学級経営に取り入れる方法があります。
　教育相談などを利用して，子どもの意見を尋ねるのです。
　「この学級のよいところはどこかな？」
　「この学級で変えた方がよいところは何かな？」
　「どうしたらもっとよい学級になると思う？」
　子どものアイデアで，教師もその通りだと思ったことは取り入れれば

よいのです。

　そうすると，他の子も，「自分はこんな風にしたい」といったアイデアを出してくれるようになります。

　つまり，傾聴することで，「自分たちで学級をつくっていこう」とする主体性を引き出すこともできます。

　本気で相手の意見に耳を傾けることは，コミュニケーション能力を磨くうえできわめて大切なことです。

　教師はただでさえ話す機会が多い職業です。たまには，傾聴に徹してみてください。子どもたちは驚くほど積極的に話すようになります。

　話術とともに，傾聴の技術も磨いてほしいと思います。

3 誰でも上手に書ける「板書」のポイント

すばやく，丁寧に，わかりやすく書くコツ！

⇒板書のコツ

　板書には，コツがあります。
　まずは，「見やすい板書にする」というコツです。
　これは，ゆっくり丁寧に書くのではありません。
　板書に時間をかけすぎると，授業の進みも遅くなってしまいます。
　ささっと書けて，しかも「丁寧に見える」コツです。

①文字を同じ大きさにそろえる
②縦と横の列をそろえる
③行間を適度にとる

　まず，文字は同じ大きさにそろえます。
　黒板に薄くマスがありますから，１マスに１文字書けばよいのです。低学年ならば，少し大きなマス目に合わすようにします。高学年ならば，１マス四方よりも，やや小さい字でもかまいません。
　２つ目の縦と横の列をそろえるのも，簡単です。黒板の薄いマス目を意識して，まっすぐになるように板書すればよいのです。
　ただし，マスを意識して練習してみないと，身につきません。板書する内容を頭に思い浮かべつつ，しかも，マス目も意識しながら書く練習

をするのです。最初は，板書計画を立てて，それを黒板に写す練習をするとよいでしょう。

　３つ目は，行間を適度にとることです。

　文字が詰まっていると，子どもにとってわかりにくい板書になってしまいます。そこで，空白を適度にとるようにします。

　基本は，5cm程度の行間を空けて，板書します。黒板を遠くから眺めたときに，詰めすぎていると感じたら，10cm程度の行間をとることもあります。適度に空間をとって，文章のまとまりを並べるのです。

　この３つを意識すれば，すばやく書いても丁寧に見える板書にすることができます。

板書の三大基本型

　次に意識するのは，板書の「型」です。
　型には，代表的なものとして次の３つがあります。

①学習の流れがわかる板書
②構造的な板書
③ファシリテーション・グラフィック

「学習の流れがわかる板書」は，最もオーソドックスな板書といってよいでしょう。

例えば理科では、まず「問題」を板書し、次に「実験方法」を板書し、「実験結果」を板書するといったものです。これで学習の展開と結果が一目瞭然でわかります。

　国語科でも、まず「本時の課題」や「読解させたい問い」を書きます。そして、子どもたちの考えの分布や、読解した内容を板書するといった形で進みます。

　黒板をみれば、今日の学習の目的がわかり、その解決の過程がわかり、結論がわかる構造になっています。

　多くの板書が、この型を使ったものになっています。

　コツとしては、「授業を受けていなくても、黒板を見れば、今日の学習でやったことがわかる」といった視点で板書を考えればよいわけです。

　2つ目は、「構造的な板書」です。

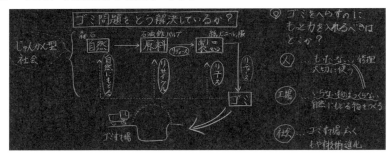

　構造的な板書とは、一言で言えば、「関係性を線でつないだり、図で表現したりした板書」です。

　例えば社会科で、武士の世の中を学習する際、御恩と奉公の関係を矢印でつないだり、社会の構造を図で表したりするのです。

　この構造的な板書で少しややこしいのは、線や図で表した関係性には、さまざまな違いがあるという点です。

　関係性には、主従の関係もあれば、並列関係や包含関係、対比関係もあります。階層構造になっているものもあるでしょう。

　それらを線や図で表現するわけですから、子どもたちとしては、「一体この線は、どういった関係性を意味しているのだろう？」というのがわ

かりにくいことがあります。教師の自己満足の板書にならないよう，図や線の意味を，子どもに理解できるようにしなくてはなりません。

　子どもたちが理解できていれば，図や線で表現する板書は，文章だけよりもわかりやすいことがあります。

　また，「子どもの意見自体」を，線でつないで表現することもあります。つまり，反対の意見が出たら，それを対立関係の線「⇔」でつないだり，同じような意見が出たら「◯」で囲んで類型化したりします。また，「事実と考え」をつないだり，「根拠と結論」をつないだりすることもあります。

　3つ目は，「ファシリテーション・グラフィック」を用いた板書です。

　この板書は，一言で言えば，「子どもの発言を，記録・図式化する」というものです。

　よい意見も悪い意見も，無駄とも思える意見でも，とにかく子どもの出した意見をすべて黒板に書いていきます。

　論議を可視化することができ，話し合う場面や，討論の授業など，さまざまな考えを出したいときに有効な板書です。

　やってみればわかりますが，一見無駄な意見を板書したと思っても，その無駄な意見を子どもたちが目で見て，いろいろなアイデアを思い浮かべることがよくあります。または，その無駄な意見に対して，反対意見が出されることもあります。このように，子どもの意見をすべて板書をすることによって，話し合いが活発に行われるきっかけになります。

　これらの型を，授業によって使い分ければよいのです。

　板書の達人の中には，これらの型を融合させている例も見られます。

　参考文献：拙著『スペシャリスト直伝！　板書づくり成功の極意』（明治図書出版，2013年）

4 望ましい「教態」を身につけよう

20代のうちに身につけたい，基本中の基本！

⮕ 早めに身につけたい3つの「教態」

　教師のプレゼンテーション能力を磨くには，教師の姿勢や態度も望ましいものにしていく必要があります。

　教師の姿勢や態度は，「教態」と呼ばれます。立ち姿や，話し方，表情などが入ります。ここでは，少し広く捉えて「声」も入れることにします。

　教師は人に見られる職業ですから，教態を磨く必要があります。

　例えば授業で，体がふらふらしていたり，動き回ったりしていると，教師の伝えたいことがうまく伝わりません。

　まずは，次の3つが，自然とできるようにしましょう。

①声をはっきり出す
②笑顔で視線を送る
③腰骨を立てて，自然に立つ

　これらを自然にできるようになるには，意識して練習する必要があります。

　1つ目の「声をはっきり出す」こと1つにしても，練習しないとうまくできるようになりません。

　教室の一番遠くの子どもに，声を届けないといけないのです。大きな

声を出すのではありません。遠くの子にも聞きやすい，ちょうどよい大きさで話す必要があります。

2つ目の「笑顔で視線を送る」ことも，できるだけ早めに習得したい教態です。

笑顔というのは，にやにやと笑っている表情ではありません。自然なやわらかい笑顔を意識するとよいでしょう。不自然な笑顔ではなく，微笑んでいる表情をつくるようにします。

口を少しだけ「い」の形にすると，自然な笑顔がつくれます。

また，笑顔と同時に，子どもへ視線を送ることも大切です。

キョロキョロとせわしなく視線を送るよりは，しばらく視線を置き，子どもたちの表情を確認してから，別の方へ視線を動かすといったイメージです。

3つ目は，「自然に立つ」ことです。凛とした姿で，背骨をまっすぐして立ちます。

どうしても体がふらふらしてしまう人は，「腰骨を立てる」「下肚に力を入れる」といったことをイメージするとよいでしょう。

⇒望ましい教態を身につけるために

3つの教態ができているかどうかは，自分の授業をビデオで撮ると，よくわかります。

ビデオカメラを教室の一番後ろの端に置きます。そして，1時間分の

授業を撮ってみます。

ビデオにはノイズがたくさん入ります。教師がしっかりと声を出さなければ，ビデオに教師の声は入りません。

よくあるのが，「話の最後の方が聞き取りにくい」ことです。語尾までしっかりと発声すれば，聞き取りやすくなります。

笑顔かどうか，視線は安定しているかも，ビデオで確認すればすぐにわかります。ビデオの方に座っている子どもたちにまで，笑顔で視線が送られているかどうかをチェックします。

自然に立てているかどうかも，ビデオで見ればわかります。早送りをしてみて，それでも教師の体が揺れていなければ，合格です。

早送りしたときに，教師の体がふらふらとせわしなく動くようであれば，重心が安定していないのかもしれません。

おすすめなのが，一度，全単元をビデオに収めて，自分で見てみることです。

そして，この3つのうち，できているものとできていないものをチェックします。

次のビデオを撮るときに，**たった1つでかまわないので，「これだけは気をつけよう」と，意識して授業をやってみる**のです。

このように，できていないところを1つ，また1つと減らしていく作業をします。すると，1年後には，劇的に教態はよくなります。

この「修業」は，20代のできるだけ早いうちにやっておくとよいでしょう。

⮕子どもになったつもりで自分の授業を見る

自分の学校に，教態がすばらしい先生がいるはずです。

早く教態をよくしたければ，その先生を手本にすることをおすすめします。

どういう立ち姿でいるのかを，よく観察をします。

「手の位置はどこにあるだろうか」

「視線をどのように送っているだろうか」

「どんな表情で子どもに向かい合っているだろうか」

このような，1つ1つの細かな動作に注目してください。

また，授業をする前に，鏡の前で授業の練習するのもおすすめです。

練習した後に，授業のビデオを撮り，後でできているかどうかを確認すればよいのです。

ビデオを見て確認するときは，自分が子どもになったつもりで見るとよいでしょう。

実は，授業が終わると，教師には「よかった記憶」しか残っていないことが少なくありません。

自分が理想としている姿が，頭の中にイメージとして残っているからです。

そのため，授業の細かな不備は，意識に上ってこないのです。

しかし，ビデオは残酷です。授業の成功場面も失敗場面も，自分のイメージからかけはなれた姿もすべて丸写しになっています。

初期に自分の授業ビデオを見ると，正視に耐えないことがあるかもしれません。

そうであるならば，放課後にビデオを見る作業は，嫌な作業になることでしょう。

ですが，ここは我慢して，大切な修業の1つと捉えてほしいものです。

一定期間の修業をしないと，いつまで経っても身につかないことになってしまいます。

教態が素晴らしい先生を手本として，ビデオの自分と比べてみるとよいでしょう。

少しずつ教態を改善していくと，きっと理想とする教態に近づけるはずです。

昔の自分の授業ビデオと，今の授業ビデオを見比べてみると，どれだけ進歩したのかがわかるはずです。

5 描写して語ろう

エピソード交えてを話すと，子どもの理解もぐっと深まる！

⮕「語り」の技術

　教師は，子どもに長い話をすることもあります。

　そんなとき，「語り」の技術がある人とない人では，子どもの集中力がまったく違ってきます。

　「語り」の技術がない人が話す時，聞いている子どもたちはだれてしまいます。

　反対に，上手に語れる人は，どんなに長い話でも，子どもたちは集中して話を聞いてくれます。

　では，具体的に「語り」の技術とは，どんなものがあるのでしょうか。

　まず，基本的なこととして，「語り」では，「説明」をダラダラとすることはしません。

　そうではなくて，「エピソード」を語るようにします。

　例えば，夏休みの過ごし方を話すとしましょう。

　端的に，「危ないことはしないようにしてください。川には子どもだけで行きません。道路で遊びません。そして，夜は早めに帰ります。この３つを守ってください」などと伝える場合もあります。

　これはこれでよいでしょう。時間がなければ，こういった短い「説明」をすることもあります。

　しかしながら，「説明」だけでは，子どもたちには印象的な話として記

憶に残りにくいこともあります。

そこで，印象的な知識にするために，何らかのエピソードを入れて話すようにします。

「川には子どもだけで行きません。実は昔ね，先生が子どもだけで川に遊びに行っているときに，こんなことがありました……」

このように何らかのエピソードを一緒に話してあげるのです。

そうすれば，**教師の経験談とともに，話の内容を印象深く記憶することができます。**

そして，「やっぱり子どもだけで川で遊ぶのはよくないんだな」などと，実感をもって理解できることでしょう。

⮕「語り」の最大のポイント

このように，「語り」とは，エピソードを語ることを意味します。

語りの上手な先生が話すと，長い話になっても，子どもたちは食い入るように耳を傾けます。

エピソードを話すときには，コツがあります。

それは，**「聞き手の頭に映像が浮かぶように話す」**ことです。

別の表現をすれば，「描写しながら語る」のです。

例えば，夏休み前に「川で遊んではいけない」ことを伝えるとしましょう。

「先生が子どもだけで川に行ったとき，川を渡ろうとしたけど，深くて大変だった…」

このような説明調に話しても，映像は浮かびません。

そこで例えば，次のように話すようにします。

「夏休みの話です。友達と近所の川へ行ったときのことでした。8月のよく晴れた暑い日でした。1人の友達が言いました。『この川を渡ってみよう』と。川の幅は8mぐらいです。そんなに幅広いものではありません。教室の端から端までぐらいです。それに，川の深さも30cmぐらい

でした。底も見えていますし，流れもゆるやかです。ただ，向こう岸までは，一度も行ったことはありませんでした。みんなで一列になって，向こう岸まで渡ることにしました。ところが，です。川を渡っていると，だんだんと深くなってきたのです。50㎝，60㎝，70㎝，そして1m近くの深さになりました。水の色も変わってきました。さっきまで透明だったのに，深い緑色になってきたのです。底は見えなくなりました。それに，川の流れも速くなりました。ゆっくり流れているように見えても，ものすごい力で川下に押されるのです。そして，先頭を歩いていた友達が『あっ』と叫んで，川下にものすごいスピードで流されていったのです…。見ていたみんなはあわてて，元の岸に戻りました。流された友達は，30mほど流されていって，運よく浅瀬に辿りつきました。なんとか全員助かりました。今でもこの光景は恐ろしい記憶として残っています。子どもだけで友達を助けることはできないのです。子どもだけで川で遊んでは絶対にいけません……」

　このように周りの様子がわかるように話すと，子どもたちは物音一つ立てず集中して聞いてくれます。
　エピソードを伴った語りで，具体的な状況をイメージをさせながら，大切なことを理解させていくことが重要なのです。
　描写の語りは，練習するとうまくなります。
　子ども相手に時々，描写を意識して話をするようにしてみるとよいでしょう。

⇒「描写」の技術を磨く方法

　ちなみに，学級通信の文章でも，描写の技術は使えます。
　文章の場合，話すときとは違うコツがあります。
　それは，「現在形」で書くということです。
　描写したい場面だけを現在形にするのです。
　例えば，「運動会の表現。入場門に集まった子どもたち。気合い十分で

す。入場門でおしゃべりする子は 1 人もいません。目は真剣そのもの。表情もこれからソーラン節を思い切り踊るぞといった決意に満ちています。号令の合図とともに,「おお！」と叫び,一斉に運動場へ駆け出す子どもたち。腰骨を立てて待つ姿勢は凜としています。…きびきびとした動きを披露してくれました」

　このように,途中で描写したい場面だけを,現在形で書くようにします。

　これも,読み手の頭に映像が浮かぶように書くことが大切です。

　学級通信でも,「この場面は描写をしよう」と決めて,意識して練習することで,上達していきます。

　描写の通信は,保護者にも大変喜ばれます。学級の様子が映像として浮かび,我が子の様子がわかるからです。

第7章

信頼される
教師になるために

1 差別をなくし平等な集団づくりを目指そう

いじめへの発展を防ぐために、目を光らせる！

◆子ども社会の構造

　教師は何と言っても，子どもからの信頼を集めなくてはなりません。信頼を得られるかどうかで，教育効果は何倍も違ってくるからです。

　子どもの信頼を集めるには，最低限できなくてはならないことがあります。

　それは，「学級の差別をなくす」ことです。

　子ども社会は，基本的に弱肉強食です。

　何も指導せずに放置しておくと，学級は「立場の強い子」「普通の子」「立場の弱い子」の3つの層に分かれます。そして，立場の強い子が権力をもってしまい，弱い子を虐げる構造ができあがってしまうのです。

　荒れた学級ほど，強固な「差別的階層構造」がつくられていることがあります。

　しかも，この構造は，自然に消滅することはほとんどないといってよいものです。

　力のある教師が，かなり意識的に「差別をなくそう」と取り組むことによって，初めて差別が見えなくなってきます。

　差別をなくそうと努力している教師を，子どもたちは信頼してくれます。

　反対に，教師自身が，差別的な行動をしているのであれば，子どもの

信頼は急速になくなっていきます。例えば，ある子には優しく，ある子には厳しいといった具合です。ある子には，丁寧に対応し，ある子はぞんざいに扱うのであれば，やはり子どもの目には差別に映ります。

たとえ無意識の行動だとしても，子どもによって対応を変えているのであれば，子どもの信頼はなくなってしまいます。

ベテラン教師の学級であっても，差別が表に噴出してしまい，いじめにまで発展しているケースがあります。

いじめを食い止めるシステムを構築できなかった問題もありますが，差別をなくす強い決意が教師にないことが原因となっていることも少なくありません。

⮕差別をなくす教師の姿勢

教師に差別をなくす決意がなければ，学級内での差別はあらゆる場面で顔を出してきます。

「おかわりで，立場の強い子が順番を抜かしている」

「じゃんけんで決める場面で，立場の強い子に譲る子がいる」

「チーム分けの時に，立場の弱い子が外される」

このような差別が，毎日のように姿を現すのです。

立場の弱い子にとっては，たまったものではありません。

差別的な行動が日常的に表に出ているようなら，危険信号です。

早急に，「差別はだめ」と教え，食い止めなくてはなりません。

教師が「差別は許さない」「平等な集団をつくる」と強く決意して，子どもに呼びかけるのです。

若い教師でありがちなのが，立場の強い子に迎合してしまうことです。

立場の強い子の中には，教師に反抗すらできる猛者までいます。

教師からすれば，立場の強い子に迎合すれば，その子を味方にできます。その結果，教師の人気や権力を強めようとするのです。

これは，最悪の対応です。これをすると，立場の強い子がますます影

響力をもつようになり，立場の弱い子は，相対的にますます弱い立場へ追いやられてしまいます。

こうして，いじめに発展することもあります。いじめは，相手の命をも奪う，学校現場では最も重大な事件です。立場の弱い子が不登校になることもあります。

「どの子も平等に扱う」「差別はしない」という強い決意を，まず教師がもつことが出発点となります。

そのうえで，子どもの差別行動をなくす指導をしていきましょう。

⮕日常的に差別をチェックする

差別をチェックするには，時々子どもと一緒に遊んでみるとよいでしょう。

休み時間にサッカーをしている集団がいるのなら，教師も一緒に入って遊んでみるのです。

ここでは教師が仕切ることはせず，集団の一員として気軽に遊びます。

すると遊びの中で，さまざまなことが見えてきます。

子ども同士の力関係や，教室で見せない意外な一面も見えてくるのです。誰かが差別を受けているのなら，否が応でもはっきりわかります。

このように，実態をつかむことから始めます。

教師も一緒に遊んでいるのに，差別が噴出するのは，はっきり言って，危険な状態です。教師がいないときには，もっと激しい差別が行われていることでしょう。

とはいえ，子どもと一緒に遊ぶことで，差別構造が見えてきます。そして，教師自身が，差別に対してもっと厳しい態度でのぞまないといけないことが自覚できます。

もちろん，平等な集団づくりができていれば，教師の前での差別行動は水面下に隠れます。

そこで，今度は，遊びに参加するのではなく，遠くから見ているだけ

にします。

　その中で，差別行動が起きなければよいのですが，起きていれば，やはり自分自身の教育を反省し，対応が必要となることでしょう。

　一度，こんなことが他の学級でありました。

　教室では，子どもたちは楽しく平等に過ごしているように見えます。

　しかし放課後，教室を出ると，恐ろしいほどの差別が始まるのです。

　それは，鞄持ちといって，5人分の鞄を持って帰らされている子がいたのです。

　この出来事は，1か月後に発覚し，担任は驚愕していました。まったく気づいていなかったのです。地域の人からの連絡で判明したのです。

　一見集団づくりがうまくいっていても，影で差別行動が出ていることもあります。

　だからこそ，教師はありとあらゆる場面を活用して，いじめや差別を食い止めるシステムをつくらなければなりません。

　定期的な教育相談，保護者面談，いじめアンケート，休み時間に何をして遊んだかの調査，他の教員からの情報交換会など，あらゆる機会をつかって差別を見つけ出し，その差別を根絶するまで闘う気概を見せなくてはならないのです。

　差別をなくし，平等な集団づくりができていることが，子どもからの信頼を得る最低条件です。

　一部の子に受けがよい教師でも，差別を放置しているだけで，実は多くの子どもからの信頼をなくしてしまっているのです。

第7章　信頼される教師になるために

2 子どものよさに注目し，保護者に伝えよう

可能性を引き出し，伸ばすことが教師の責任！

➔保護者が教師を信頼するとき

　教師は，さまざまな人と協力して教育を行います。
　保護者や地域，各種教育機関などと連携して，教育を進めます。
　特に，保護者との連携は重要です。
　子どもに一番関わる保護者と，学校で一番子どもと関わる教師との，両者が連携できれば，教育効果は自ずと高まるからです。
　連携して教育を行うには，保護者と教師が信頼関係で結ばれている必要があります。
　では，保護者の「教師への信頼感」が増すのは，どんなときでしょうか。
　例えば教師が，一貫してぶれずに教育を行うとき，信頼感は増すでしょう。
　また，トラブルがあったときに，誠心誠意，保護者の話を聞き，迅速に対応していると，信頼感は増すでしょう。
　これらは，教師ならば誰だって努力することです。誠意を込めて教育にあたることは，教育を行う者としてのベースとなる資質であるとも言えるでしょう。
　ただし，教育のプロたる教師であるならば，これらの誠実さに加えて，もう1つ意識したいことがあります。

それは,「子どものよさに注目し,伸ばすこと」です。
　我々教師は,子どもを教えるプロです。
　教えることの専門家である以上,子どもの可能性を引き出し,伸ばすことができなくてはなりません。
　保護者は,我が子のよいところに注目してくれる先生を求めています。
　保護者は,我が子の短所など,見えすぎるほど見えていますし,痛いほど理解しています。
　しかし,我が子が見違えるように頑張っていて,短所だと思っていたことすら,教師が生かしてくれているとすればどうでしょうか。
　きっと保護者は,絶大な信頼を教師に寄せてくれるはずです。

⇒自身の教育を保護者にオープンにする

　教室の様子を発信していくのも大切です。
　保護者は,我が子の学校での様子を気にしています。
　そのため,学校であった出来事を愛情をもって紹介すると,保護者を安心させられます。
　例えば,学級通信で発信するのもよいでしょうし,連絡帳を利用してもよいでしょう。
　子どもが特に活躍したときなどは,便箋もおすすめです。
　小さな便箋に一言だけ,「今日はA君が,放課後に教室に残って,掃除を手伝ってくれました。また,A君は,いつも,友達と仲良く遊んでいて,すばらしいなあと思っています。ありがとうございました」などと書いて子どもに渡すのです。
　ちょっとした発信ですが,こういったささやかな情報でも,保護者にとっては,ありがたく思われることでしょう。
　ここで気をつけたいのは,**保護者から感謝されることを期待するのではない**という点です。あくまで,保護者からの信頼を集め,保護者と協力することを目的としているのですから,返事がこなくても別によいの

です。
　学級通信も同じで，通信を出しているからといって，保護者から御礼の言葉をもらうとか，見返りを求めるものではありません。
　教師の説明責任の１つとして，自身の教育を保護者にもオープンにしていくのです。

⮕子どものよさに注目する

　保護者は，我が子の頑張りを知りたいと思っています。
　我が子の頑張っている姿を見たいのです。
　だからこそ，**学級通信には，子どもの具体的な姿，頑張りが浮かぶように書く**ことが大切です。
　子どもが成長した事実をつくり，それを紹介するのです。
　教師の熱意や思いだけを綴った通信は，読む側にあまり有益とは言えません。
　自分の頑張りを書くというよりは，子どもの頑張りを書いて発信するのです。
　できれば，授業で頑張っている子どもを描くとよいでしょう。
　授業記録にも授業反省にもなり，一石何鳥にもなります。
　そして大切なのは，「子どものよさ」に注目して，保護者に伝える点です。
　学級通信以外にも，子どものよさを伝える場面はたくさんあります。
　懇談や家庭訪問など，子どもの成長したところ，頑張っているところを伝えるのです。
　子どもの長所を伝えるのは簡単ですが，短所をよさに変えて伝えるのは難しいことです。
　しかし時には，子どもの短所と思えるようなことを生かして，活躍させたいものです。
　やんちゃな子に司会をさせたら活躍したとか，いつも乱暴な子に応援

団長をさせると見事に統率したといった，活躍の場を考えるのです。

　そして，**保護者が短所と捉えていそうなことも，長所になるのだという事実をつくり，それを伝える**のです。

　我が子が頑張っている事実があれば，保護者からのクレームは1年に1回もきません。

　それどころか，感謝され続けて1年を終えることができます。

　もちろん，これも見返りを求めてやるのではなく，ただひたすらその子のためになる教育を考えて教育に邁進した結果，そうなるのです。

　反対に，教え子の質に文句を言うのは，御法度です。

　人は，欠点ほど，よく見えるものです。

　欠点に注目するのではなく，よさを伸ばすのが基本です。そして，できれば，欠点すら長所に変えていくようにするのです。それが，教師の姿勢であるべきです。

③ イニシアチブを発揮しよう

受け身の姿勢ではなく,自分で考えて行動する習慣を!

➔イニシアチブとは

　教師は,同僚とチームになって教育活動を進めます。
　よいチーム体制を組むには,同僚との信頼関係を築くことが,非常に重要だと言えるでしょう。
　同僚からの信頼を集めるには,イニシアチブを発揮することが大切になります。
　イニシアチブとは,自分から率先して行動・発言し,他の人を導いていくことを意味します。言い方を変えるなら,自分の行動の主導権を自分で握り,自分の意思で動くことです。
　若い教師は,どうしても,最初は受け身に回りがちです。
　というのも,最初は仕事を覚えなくてはならないからです。当然,他の教師の指示で動くことが多くなります。
　そのため,学校に赴任してまもなくは,誰かの後ろについていくのは仕方がないことです。
　しかしながら,いつまでも受け身の姿勢ではいけません。
　そのうち,後輩もできてきます。責任ある仕事を任されるようにもなります。そうなると,主導権を発揮して,自分から率先して行動することが求められるようになります。
　後輩ができて初めて,イニシアチブを発揮しようと思っても,なかな

かできるものではありません。

20代のうちから，イニシアチブを発揮する訓練をしていた人だけが，自分から率先して動き，人を引っ張っていけるようになるのです。

ですから，教師になりたてであっても，何か少しでもイニシアチブを発揮できないかと考えてみてください。

例えば，避難訓練の担当になったとしましょう。

今までのやり方を指示されて，その通りにやるだけでは，受け身の姿勢から脱することができていません。

そうではなく，**今までのやり方をすべて調べて，その学校の中で避難訓練のことは他の誰よりも詳しくなっておく**のです。

そして，改善点を探していきます。前年度の反省文書を読めば，「来年度からは，ここを改善したい」という内容が見つかるはずです。

今年は，たった1つでもよいから，何かを改善するのです。

そして，職員会議で提案します。

「昨年度までは，このような流れで避難訓練をしていました。前年度の反省として，次のような点が出ていました。そこで，今年は少しやり方を変化させて，取り組みたいと思います。いかがでしょうか」

これは単に，新しい何かを提案したということだけを意味しません。

「自分で考えて行動する姿勢」を周りに示したことを意味します。

提案をすることで，周りから一目置かれるようになります。そして，周りからの信頼が増します。

提案は，ほんの少しの改善でもOKです。

極端な話，提案が通らなくてもかまいません。**自分で考えて，自分がよいと思ったことを意見する姿勢が大切**です。

自分で考え，行動する習慣をつけることで，やがてイニシアチブが身についてくることでしょう。

⇒イニシアチブの発揮の仕方

　イニシアチブの大切さは，学級経営でも授業でも同じです。
　自分で慎重に判断し，決断し，それをやり遂げるという意思が大切なのです。
　授業でも，充実した内容にするために，あれこれ考えて自分なりの工夫を取り入れます。
　学級経営も同じです。本を読み，情報を集め，自分が心からよいと思った工夫を，取り入れてみましょう。
　誰かに言われてやるのではなく，自分なりの工夫をしてみるのです。
　研究授業をするときも同じです。
　研究授業で大切なのは，問題提起です。今までにない新しい工夫を取り入れた授業を提案します。その結果，たとえ失敗したとしても，新しい工夫を自分なりに取り入れてやったという事実が大切です。
　先行実践を参考にして授業をするにしても，「たった1つ」自分なりの工夫があるかどうかで，今後の成長が変わるはずです。
　イニシアチブを発揮する教師は，責任ある仕事を任されるようになっても，きっとうまくやっていけるはずです。
　20代の頃に，少しでもいいからイニシアチブを発揮しようとしているかどうかで，30代の仕事の出来具合が決まってしまうのです。
　時には，職場の上司と意見が食い違うことがあるでしょう。
　もし，上司と自分の考えが違っていたらどうすればよいのでしょうか。
　答えは簡単です。自分の主張を冷静に伝えればよいのです。
　ひょっとすると，「年配の同僚には，逆らってはいけない」「何でも従順に言うことを聞かないといけない」などといった思いをもっている人がいるかもしれません。
　確かに，年配の教師に敬意を示すことは必要です。
　しかし，仕事の場では，何らかのゴールを達成するために，それぞれ

が意見を出し合うことが求められます。

　教師であれば，よりよい教育を実現する目的のために，それぞれが自分の考えを主張する必要があるのです。

　相手が年配であろうとなかろうと，自分の考えは主張すべきなのです。

　その結果,「自分の考えをしっかりと伝えられるすばらしい教師だ」と信頼してくれるかどうかは，相手次第です。

　相手の器が小さければ,「あいつは生意気だ」となるかもしれません。しかし，それは自分が悪いのではなく，相手がそう判断したというだけですので，気にする必要はありません。多くの人は,「あの人は，自分の意見をきちんと伝えられて，しっかりしているな」という前向きの評価をしてくれるものです。

　同僚に気に入られようと自分を押し殺すのではなく，自分の考えは主張してみて，それを認めてくれる人と一緒に協力していけばよいのです。

　人から言われたことだけやっていれば，受け身の習慣がついてしまいます。

　そうではなく，自分主体で，自分の行動の主導権は自分が握ったうえで，行動することが大切なのです。

第7章　信頼される教師になるために

4 仕事の作法を身につける

周りの教師からの信頼を得るために，意識したいこと！

⇨「みんなのため」になる仕事を意識する

　第一の仕事の作法は，「できるだけ大きな視野に立って，みんなのためになるような仕事をする」ことです。

　私的に何かに取り組んで頑張るよりは，全体の奉仕のために頑張るつもりで仕事をすると，その仕事はうまくいくものです。

　そして，言うまでもないことですが，教師の仕事は，誰かのためになるものでなければなりません。

　子どものため，保護者のため，地域のため，社会のため…，さまざまな人の役に立つことを意識して仕事を進める必要があります。

　できるだけ，「みんなのため」になる仕事を意識するとよいのです。

　例えば，学級で新しいイベントをしたいと考えたとしましょう。

　新しいことを始めると，いろいろな人が反対をしてきます。

　上司が，「今までに前例がない」と言ってきたり，校長が「何かあると大変だから止めて」などと言ってきたりします。

　特に若いうちは，何かと反対されがちです。

　反対されたからと言って，すぐにあきらめるのは間違っています。

　こういうときこそ，**もっと大きな視野に立って，「みんなのため」になっているかどうかを考える**のです。

　「このイベントは，学級の子どもたちのためだけではありません。保護

者も，楽しいイベントを望んでいるのです。危険なことは一切しませんので，大丈夫です。それに，イベントをすると，それが1つの学校の特色にもなると思うのです。学校の長所として地域に発信できると思うのです」

このように，やろうとしていることが私的なことではなく，公的な役に立つものなのだと主張するのです。

リスクが少なく，広くメリットがあることであれば，反対する人はいなくなるでしょう。

「自分がやりたいからやるのです」では通らないことも，「子どもや保護者，地域，学校のためになるからやるのです」と主張すれば，すんなり認められるものです。

「みんなのため」になるよう仕事を進めると，その仕事に賛同してくれる人が増えるのです。

●力ある教師が心掛けていること

他にも，仕事を進めるうえでの作法があります。

力のある教師を見ていると，仕事の進め方に共通点があることに気づきます。

これらの共通点は，仕事を実りあるものにするための作法と言えるものです。

特に重要なものに絞って紹介すると，次のようになります。

①簡単な仕事は，その場ですぐに終わらせている
②一緒に仕事をする人には，礼儀をもって接している
③後輩ができたら，仕事の一部を任せている。後輩がうまく仕事をこなしたら，後輩の手柄とし，うまく仕事ができなければ，自分の責任にしている
④形式的な仕事を型通りに進めるばかりでなく，時にダイナミックな

新しい仕事を提案している
　⑤難しいと思える仕事がきても，引き受けている
　⑥どうしても納得できない仕事は，断っている

　これらの作法を身につけておくと，スムーズに仕事に取り組めることでしょう。それどころか，自分の力も伸ばしていくことができるはずです。
　まずは何と言っても，仕事はすぐに取りかかり，できるだけ早く終わらせる努力をしなくてはなりません。**〆切に間に合うというだけで，大きな信頼を得る**ことができます。
　一緒に仕事をすることになった仲間には，礼儀を忘れないことも大切です。
　手紙で一言，「これお願いね」と頼むのは最悪です。仕事を振るときは，ちゃんとその人に会って，お願いするのです。
　もっとよいのは，仕事を振るのではなく，**相手に仕事を選ぶ機会をプレゼントする**ことです。
　「みなさんと協議した結果，これだけの仕事があることがわかりました。分担したいのですが，みなさんはどの仕事を進めたいと思っていらっしゃいますか」と丁寧に尋ね，選んでもらうのです。
　つまり，その人の長所が生かせる仕事を選んでもらうのです。適材適所で，仕事を分担してもらうのです。
　特に，後輩ができたら，一部であっても仕事を任せてあげましょう。**その後輩が，自分の長所を生かせると思える仕事を振る**のです。任せるというのは，信頼の証です。
　後輩に「お願いします。みんなでやれば，きっとよりよいものをつくっていけると思っています」と言うのです。期待されて嫌な気持ちになることはありません。
　そして，その後輩が一歩前進したときに，心から共感し，努力を認めてあげましょう。

もちろん，うまく仕事ができなければ，上司である自分の責任です。
　形式的な仕事を要求されることもありますが，時にはダイナミックな実践をやってみましょう。自分で何か新しい仕事をやったというのは大きな自信になります。
　また時には，難しいと思える仕事を依頼されることもあることでしょう。依頼される仕事は，身の丈以上のものが来るのが常です。みんなのためになると思えたら，それを引き受けておきましょう。**身の丈以上の仕事をすることで，力を養うことができる**のです。
　最後に，どうしても納得できない仕事は断りましょう。
　自分で納得できない仕事をやろうとしても，生産性は上がりません。それよりは，別の「その仕事をやりたい」と思っている人に任せた方がよいのです。
　ある時，大きなイベントを提案した人がいました。
　しかし，そのイベントの計画はずさんなもので，本人がやりたいと思っているだけでした。周りからは，「危険だから止めた方がよい」と，反対意見が続出しました。私も反対し，「発達段階にふさわしくない。お金だけかかって得るものが少ない」と主張しました。
　ところが，その計画は，上役の鶴の一声で通ってしまいました。
　そして，あろうことか，提案者が，反対者の私に「責任者をお願いします」と頼んできたのです。これは丁重にお断りしました。
　反対している者に責任者を任せるのは筋が通っていないうえに，私はこの計画を危険だと判断しているのですから…。
　危険がないようしっかり手伝いはしましたが，納得できない依頼は断るのも仕方ない場面があります。
　自分が「止めた方がよい」と思っている仕事をしても，誰のためにもなりません。こういう仕事は，断るべき仕事です。
　断るべき仕事を引き受けていると，だんだんと仕事に追われるようになります。そうならないように，断る勇気をもつことが大切です。

第7章　信頼される教師になるために

5 自己のメンタルを管理しよう

つぶれてしまわないように,心を整えるための工夫!

➔ メンタルトレーニング

　スポーツの世界では,メンタルトレーニングが普通に取り入れられています。

　大切な試合で,自分の最大限のパフォーマンスができるよう,日頃から心を鍛えているのです。

　具体的には,ネガティブな考え方を排除しつつ,できるだけポジティブな考え方をするということです。

　メンタルトレーニングというと,ストレスを減らすための考え方だけだと思われがちですが,それだけではありません。高い目標をもつための考え方や,自分を鼓舞する考え方も入ります。

　また,メンタルトレーニングでは,言葉も重視されます。

　自分のやる気を引き出すような言葉を,自分自身に言ってみるのです。

「何とかなるさ」

「自分だったら,できるだろう」

「悪条件に見えても,どの教師も同じような環境にある。ベストを尽くそう」

　苦境に思えるような場面でも,前向きな言葉で対処できると,よい結果になることが多いものです。

　教師もまた,心を整えるための手法を知っておきたいものです。

➔ ストレスマネジメント

　ストレスマネジメントを学ぶことも大切になってきました。
　心の病になる前に，ストレスをなくすようにするのです。
　例えば，ストレスを感じたら，そのストレスをなくすために，どんなことをするかを決めておきます。
　「人に相談して，自分の思いを言葉にして出す」などです。
　人と話すことで，ストレスが軽減されるのは，よくあることです。
　人によっては，運動や外食といったことでストレスを軽減できることもあるでしょう。
　経験豊かな人に話してみると，気が楽になることもよくあります。
　「そんなのは大した問題じゃない。もっとすごい大変な問題があったんだよ。例えば…」
　「まったく何ていうこともない問題だよ。よく振り返って自分が正しいと思えば，突き進めばいいよ。もっと図太くなりなさい」
　このようなアドバイスを受けることができるかもしれません。
　自分にとっては大変な問題だと思っていても，別の人からするとまったく問題にならないといったこともあるのです。
　このようなストレス軽減法を自分なりにもっておくと，何らかの困難な状況になったとしても，ストレスを怖がることがなくなります。
　時には，八方ふさがりに感じて，ストレスに押しつぶされそうになることもあるでしょう。
　ですが，一見八方ふさがりに見えても，考え方を1つ高くもっていくと，問題だと思っていたことが実は問題ではなかったと思えることもあります。
　思い込みはないかどうか，必要以上にネガティブに捉えていないか，よく考えてみることです。
　漠然とした不安に，自分の心が悩んでいるだけのこともあるのです。

漠然とした不安がよぎったとき,「漠然とした不安に悩むことを,自分に許さない」と決意してみるのも,1つのストレスマネジメントの方法です。

➲先人の考え方を学ぶ

先人の実践記録を読むと,優れた実践を行ってきた教師は皆,優れた哲学・考え方の持ち主だったことがわかります。

そのような先人の考え方に触れるのも,教師としてのメンタルを磨くことにつながります。（数々の先人からのアドバイスは,拙著『プロ教師の「折れない心」の秘密』（明治図書出版,2014年）に詳述してあります）。

また,尊敬できる教師がいるのであれば,その教師にどんな考え方で仕事を進めているのかを尋ねてみるのもよいでしょう。

実力ある教師の中に,ストレスなどまったく感じない,毎日楽しくて仕方ないという人がいます。

そういった人に共通するのは,**逆境にあっても負けないような考え方をもっている**ということです。

「自分ならできる」という,楽観的であり,前向きな姿勢をもっているのです。

また,実力のあるの教師に共通するのは,高い理想をもっていることです。

そして,その高い理想のために,自分の力を尽くし,子どもや保護者,社会のために貢献できていることに喜びを感じています。

これは,「見返りを求める」ことを意味しているのではありません。確かに,保護者や子どもに感謝をもらえると嬉しくなります。しかし,見返りを期待すると,見返りがない場合に,意気消沈してしまうことにもなりかねません。

子どもや保護者,社会のために,「貢献」できている実感をもつことができ,そこに喜びを感じることができるのです。

相手に発する言葉も，よく吟味したいものです。

例えば，同僚が困っているときに，ポジティブな言葉かけを行うとよいでしょう。

「○○してはだめだよ」ではなく，「○○すると，きっとうまくいくよ」といった前向きな言葉を選んで励ましていくのです。

私も同僚からの前向きな言葉かけに，ずいぶんと助けられてきました。

また，後輩は，以前の自分と同じような悩みを抱えているものです。

ぜひ後輩にも，前向きな言葉をかけてあげて，心を軽くさせてあげてほしいと思います。

6 教師のタブーを心得る

これだけはやってはいけない，3つのこと！

→最低限意識しておきたいタブー

　教師として意識してほしい，「教師のタブー」があります。
　多くの場合，「教師としてすべきこと」は，どこかで教わってきているものです。
　しかしながら，「教師としてしてはならないこと」は，あまり教わる機会がないのかもしれません。
　もちろん，法律で禁じられていることは，教わっているはずです。
　ただ，ここでいう「タブー」とは，日常的な些細な言動についてのタブーです。
　些細なタブーこそ，よく意識していないと，ついつい日常の言動に出てきてしまうようです。
　40代，50代のベテランでも，タブーを意識できていないことがあるからです。
　次の3つだけは，最低限意識して気をつけておきたいものです。

　①教え子の質に文句を言う
　②危険を伴う活動をする
　③独りよがりの方法で教育を行う

→よくある失敗例とは

1つ目のタブーは,教え子の質に文句を言うことです。

教育の世界では,成果が上がらない原因を,子どもの資質に求める風潮があるようです。

「教師が一生懸命教えたのに,子どもができるようにならない」

「何度教えても,すぐに忘れてしまう」

そんなとき,つい,子どもの能力や態度の責任だと考えてしまうのです。

ところが,本当の原因は,教師の力不足であることが多いものです。

教え方が下手だから,できない子ができないままになっているのです。

一番まずいのは,**子どもの責任に転嫁してしまうと,教師はそれ以上努力をしなくなってしまう**点です。

つまり,教育行為を放棄することにつながってしまうのです。

「どうせ最近の子どもは○○だよ」

「今年の子どもたちは,去年と比べてできないから仕方ない」

こんな会話をして,それ以上の努力をしなくなってしまうのです。

このようなことだけはないようにしなくてはなりません。

2つ目のタブーは,危険を伴う活動をすることです。

教育活動の大前提として,「子どもの安全を確保すること」は絶対にできていなければなりません。

安全の管理が前提であり,危険な活動をするのは御法度です。

例えば理科で野外観察に行くのであれば,川や池など,危険なところには,最初から行かないようにすべきです。

もし危険が少なく,防ぐことが可能であっても,あらゆることを想定しておかなくてはなりません。

野外観察ならば,そこに行くまでの交通量や,現地に危険な動植物がないかを下調べしておくのです。

第7章 信頼される教師になるために

そして危険を最小限にしてから，野外観察に行くようにします
　臨海実習でも，十分に下調べをして，天候が悪い日や高潮の日には，無理な活動はしないことです。
　以前，山の学校で雨が降った際，川滑りをするかどうかで議論になったことがありました。
　このとき，タブーを心得ている教師達は，即刻「止めるべきである」と答えました。反対に，「楽しいから」「思い出づくりのために」といった理由で，雨が降っているのに，「川滑りをやろう」と主張する教師もいました。
　「やろう」と主張した教師は，優先順位がわかっていないのです。
　安全確保が前提条件なのです。それが満たされていない以上，活動は行えないのです。
　３つ目のタブーは，独りよがりの方法で教育を行うことです。
　すでに多くの優れた実践が発表されています。
　過去の優れた実践を参考にして，そのうえで，教育をしていくべきなのです。
　自分なりの教育を試すのも大切ですが，それは，過去の優れた実践を参考にしたうえでのオリジナルであるべきです。
　また，自分が正しいと思っている方法でも，他の人から見るともっとよい方法があると感じられることもあるでしょう。
　そこで，実践を人に公開することが必要になります。
　研究授業をする，保護者や管理職に見てもらうなど，自分の実践を公開すればよいのです。
　公開して，感想を聞くなりアドバイスをもらうなりすれば，独りよがりの教育実践ではなくなってきます。
　公開しない実践は，やはりどこか弱さが見られます。
　できれば，20代のうちに，たくさんの感想やアドバイスをもらうべきです。若いうちはプライドも高くなく，素直に受け容れることができるからです。

そして，よい意見だけでなく，できたら辛口の意見ももらうことです。
　辛口の意見を言う方も，大変なのです。代案を示しながら，相手の実践を批判することは，頭も使いますし，エネルギーがかかるものです。
　ですから，**たとえ辛口の意見をもらって腹が立ったとしても，感謝の言葉を相手に伝えるのを忘れてはいけません。**
　自分の実践を公開して，他の人の意見をもらうことを続けると，隙のないよい実践ができるようになってきます。
　医師などの専門家に実践を公開して意見をもらうことも，非常に重要な機会です。
　特別支援教育など，専門的な知識を必要とする教育では，専門家に意見をもらうことが必須です。
　多くの人から助言や批判を受けながら，自己改善できれば，自信をもって教育を行っていけるようになります。

● 著者紹介

大前暁政（おおまえ　あきまさ）

　岡山大学大学院教育学研究科（理科教育）修了後、公立小学校教諭を経て、2013年4月より京都文教大学准教授に就任。教員養成課程において、教育方法論や理科教育法などの教職科目を担当。「どの子も可能性をもっており、その可能性を引き出し伸ばすことが教師の仕事」と捉え、現場と連携し新しい教育を生み出す研究を行っている。文部科学省委託体力アッププロジェクト委員、教育委員会要請の理科教育課程編成委員などを歴任。理科の授業研究が認められ「ソニー子ども科学教育プログラム」に入賞。日本初等理科教育研究会、日本教育実践方法学会所属。

　著書『若い教師の成功術』、『必ず成功する！　学級づくりスタートダッシュ』、『必ず成功する！　授業づくりスタートダッシュ』（以上、学陽書房）、『プロ教師の「折れない心」の秘密』、『スペシャリスト直伝！　理科授業成功の極意』、『プロ教師の「子どもを伸ばす」極意』、『プロ教師直伝！　授業成功のゴールデンルール』（以上、明治図書出版）、『仕事の成果を何倍にも高める　教師のノート術』、『学級担任が進める通常学級の特別支援教育』（以上、黎明書房）、『忙しい毎日を劇的に変える仕事術』（学事出版）、『理科の授業が楽しくなる本』、『たいくつな理科授業から脱出する本』『なぜクラスじゅうが理科を好きなのか全部見せます小3理科授業』（以上、教育出版）など多数。

若い教師がぶつかる「壁」を乗り越える指導法！

2015年2月17日	初版印刷
2015年2月23日	初版発行
著　者	大前暁政（おおまえ　あきまさ）
発行者	佐久間重嘉
発行所	学陽書房
	〒102-0072　東京都千代田区飯田橋1-9-3
営業部	TEL 03-3261-1111　FAX 03-5211-3300
編集部	TEL 03-3261-1112　FAX 03-5211-3301
	振替　00170-4-84240
装丁・本文デザイン／Malpu Design（渡邉雄哉）　イラスト／坂木浩子	

DTP制作／ニシ工芸　印刷・製本／三省堂印刷

© Akimasa Omae 2015, Printed in Japan　ISBN 978-4-313-65274-3　C0037
乱丁・落丁本は、送料小社負担にてお取り替え致します。